Labirintos da Culpa

Roberto de Carvalho
Espírito Basílio

Labirintos da Culpa

Aliança

1ª edição, 2ª reimpressão, Junho/2015, do 14º ao 23º milheiro.

TÍTULO
Labirintos da Culpa

AUTOR
Roberto de Carvalho / Basílio

DIAGRAMAÇÃO
Equipe Editorial

CAPA
Sônia Maria da Silva

IMPRESSÃO
Rettec Artes Gráficas e Editora Ltda.

FICHA CATALOGRÁFICA

Dados Internacionais de Catalogação na Publicação (CIP)
(Câmara Brasileira do Livro, SP, Brasil)

Basílio (Espírito).
Labirintos da culpa / pelo espírito Basílio;
[psicofragado por] Roberto de Carvalho. --
São Paulo : Editora Aliança, 2014.

ISBN 978-85-8364-011-0

1.Espiritismo 2. Psicografia 3.Romance espírita
I. Carvalho, Roberto de. II. Título.

14-09127 CDD-133.9

ÍNDICE PARA CATÁLOGO SISTEMÁTICO

1. Romance espírita psicografado: Espiritismo 133.9

EDITORA ALIANÇA
Rua Major Diogo, 511 - Bela Vista - São Paulo - SP
CEP 01324-001 | Tel.:(11) 2105-2600 | Fax: (11) 2105-2626
www.editoraalianca.com.br | editora@editoraalianca.com.br

Soneto

Nos labirintos de uma culpa imensa
vive essa gente desassossegada,
cujo remorso já virou doença,
sem lenitivo à alma infortunada.

No peito, a dor, em rígida sentença,
vai espargindo trevas pela estrada,
em duradoura e mórbida presença
que ao fim das contas não resolve nada.

Mas quando alcança o claro entendimento,
e vê que é nulo esse padecimento,
resplende a alma para a eterna luz...

E arrependida, mas não decadente,
prossegue adiante, esperançosamente,
e ao fim da estrada há de encontrar Jesus!

Mesmo quando a ignorância ou o orgulho obscureçam o entendimento, a verdade brilhará de qualquer forma no devido tempo.

Edgard Armond

Sumário

Introdução

"O homem faz dos desgostos e dos prazeres da alma, após a morte, uma ideia mais ou menos elevada, de acordo com sua inteligência, que, quanto mais desenvolvida for, mais essa ideia se depura e mais se desprende da matéria; compreende as coisas sob um ponto de vista mais racional, em vez de tomar ao pé da letra imagens de uma linguagem figurada.

A razão mais esclarecida, ao nos ensinar que a alma é um ser todo espiritual, nos diz, por isso mesmo, que ela não pode ser afetada pelas impressões que agem sobre a matéria, embora não esteja livre de sofrimentos nem de receber a punição de suas faltas.

As comunicações espíritas têm o propósito de nos mostrar o estado futuro da alma, não como uma teoria, mas como uma realidade, ao colocar sob nossos olhos todas as ocorrências da vida após a morte, mostrando-as ao mesmo tempo como consequências perfeitamente lógicas da vida terrestre. E, embora livre das ideias fantasiosas criadas pela imaginação dos homens, essas consequências não são menos angustiantes para aqueles que fizeram um mau uso de suas vontades e aptidões.

A diversidade dessas consequências é infinita, mas pode-se dizer, de modo geral: cada um é corrigido pelas faltas que cometeu. É assim que uns são punidos pela visão incessante do mal que fizeram; outros, pelos desgostos, o medo, a vergonha, a dúvida, o isolamento, as trevas e pela separação dos seres que lhe são queridos, etc..."

Este comentário de Allan Kardec, em *O Livro dos Espíritos*, referindo-se às penas e gozos futuros, dá uma ideia clara sobre o que ocorre com os principais personagens desta narrativa que, inconscientes do que representa a vida após a morte física, se veem perdidos e desamparados, fugindo do remorso granjeado por conta das faltas cometidas durante a experiência encarnatória e o medo do futuro; prevendo nele apenas o lado obscuro de uma dolorosa e eterna penitência.

Somente o esclarecimento de que Deus é justiça, mas que é também amor e indulgência, pode dar a eles a coragem suficiente para se livrarem dos labirintos mentais criados pela culpa e pelo medo de encarar o tempo vindouro, enxergando-o, finalmente, de uma forma mais otimista e esperançosa.

Capítulo 1

"Sede indulgentes, meus amigos, porque a indulgência atrai, acalma, reergue; ao passo que o rigor desencoraja, afasta e irrita."

O Evangelho segundo o Espiritismo – Capítulo 10 – item 16

Uma nova tarefa

Há dias eu vinha pressentindo que algo importante estava por acontecer. Deduzi que seria um convite para acompanhar o desfecho de alguma situação envolvendo irmãos em novas experiências de vida e me coloquei à disposição. Quando isso ocorre, o papel que me cabe é o de observador, sem me envolver, questionar ou emitir qualquer julgamento sobre as escolhas dos protagonistas das questões a serem observadas.

O objetivo é guardar as impressões obtidas em minhas observações, a fim de repassá-las mentalmente, se possível, ao médium escritor para que ele as escreva.

Com isso, visamos esclarecer e despertar o senso analítico dos que se encontram encarnados – protegidos temporariamente pela lei do esquecimento e pelo véu protetor da matéria que os limita aos cinco sentidos básicos – para o fato de que os planos material e espiritual estão inequivocamente unidos e que muitas ocorrências que têm aqui o seu desfecho são efeitos de causas aí iniciadas.

Diríamos mesmo que todo ato praticado no plano da matéria repercute invariavelmente na dimensão espiritual, gerando benefícios ou malefícios que se propagam na mesma proporção da circunstância que o gerou.

Quando tais pressentimentos me envolvem, coloco-me a postos e, sempre fiel à tarefa que decidi abraçar, procuro me entregar inteiramente à sua realização, pedindo sempre a orientação, o amparo e a inspiração dos bons Espíritos, para que os trabalhos sejam realizados a contento e que alcancem o êxito esperado.

Por uma questão óbvia, nomes de lugares e de pessoas são substituídos ou omitidos, mas quanto ao conteúdo da narrativa nós procuramos aproximá-lo o máximo possível dos fatos reais, uma vez que é ele o foco principal do nosso trabalho de conscientização e informação.

Capítulo 2

"O dever íntimo do homem está entregue ao seu livre-arbítrio: o aguilhão da consciência, esse guardião da honra interior o adverte e o sustenta, mas permanece, quase sempre, impotente diante de suas atitudes impulsivas."

O Evangelho segundo o Espiritismo – Capítulo 17 – item 7

Segredo bem guardado

Senti-me fortemente atraído para o ambiente de um bar, na região central da cidade de São Paulo. Era um dia normal, a tarde estava pelo meio e o estabelecimento encontrava-se praticamente vazio. Cheguei no momento em que um homem sentava-se a uma mesa e pedia uma cerveja bem gelada. Tratava-se de um mulato alto, um pouco obeso e musculoso, de semblante tenso, demonstrando uma robustez física que se contrapunha aos seus sessenta e poucos anos de idade, denunciados apenas pelo grisalho dos cabelos e de um espesso bigode que lhe endurecia o semblante.

Não tive dúvida de que aquele era o alvo de minhas observações e me aproximei, naturalmente atento para não me tornar um invasor de sua privacidade, o que faria de mim muito mais um obsessor bisbilhoteiro do que um trabalhador do bem colhendo informações para a edição de um possível futuro livro, de conteúdo edificante e esclarecedor.

Enquanto sorvia o primeiro gole da bebida, o mulato teve a atenção despertada para um jornal de bairro, desses periódicos semanais que circulam em distribuições gratuitas pelas comunidades, e que se encontrava sobre uma mesa vizinha.

Tencionando distrair-se com a leitura das ocorrências locais, apanhou-o, começou a folhear e sentiu um baque ao ler, nas páginas policiais, a seguinte manchete: "Encontrado esqueleto humano às margens de rodovia", e a reportagem informando que topógrafos contratados para fazer um estudo sobre obras de alargamento da rodovia que ligava a capital paulista a determinada região do interior do estado haviam encontrado um esqueleto humano no meio de um matagal, a cerca de cinquenta metros de sua margem.

Informadas sobre a ocorrência, as autoridades competentes recolheram os ossos e os enviaram para análise em laboratório, chegando às seguintes conclusões: Tratava-se do corpo de uma mulher que deveria ter por ocasião de sua morte algo em torno de cinquenta anos de idade e que havia morrido há pelo menos uma década. A causa provável do óbito teria sido um atropelamento, já que o esqueleto apresentava gravíssimo afundamento craniano e vários ossos fraturados.

A matéria encerrava dizendo que nenhum documento ou objeto que contribuísse para a identificação da vítima fora encontrado no local e pedia que se alguém tivesse alguma informação que pudesse ajudar a polícia a elucidar o caso, que entrasse em contato pelo telefone de emergência da Polícia Militar ou procurasse a delegacia mais próxima para depoimento.

Notei a inquietação do homem que, tendo terminado a leitura da notícia, fez imediatamente uma ligação de seu aparelho celular.

— Alô, Macedo?!

Não pude deixar de ouvir a voz metálica do tal Macedo do outro lado da linha:

— Afrânio! Há quanto tempo, cara! Depois que se aposentou, você se esqueceu dos amigos. Só curtindo a vida, não é?

— Quem me dera, rapaz! Aposentei, mas a vida continua uma dureza só. Ando fazendo uns bicos como vigia noturno para complementar o salário miserável que o governo me paga.

— Sei como é. Olha, precisamos nos encontrar... Bater uns papos...

— É por isso mesmo que estou ligando, Macedo. Precisamos conversar com urgência.

— Nossa! Falando assim, você até me assusta...

— Dá para a gente se encontrar agora?

— Bom, eu estou trabalhando, mas... Espera aí... Fala onde você está que eu vou encontrá-lo.

O homem, que agora eu sabia chamar-se Afrânio desligou o telefone após informar sobre a sua localização. Depois, leu e releu várias vezes a matéria do jornal, enquanto bebia avidamente, esvaziando três garrafas de cerveja em pouco mais de meia hora. Seu semblante estava tenso e ele fazia movimentos involuntários com os braços, enquanto parecia travar um diálogo mudo consigo mesmo, parecendo justificar-se de alguma coisa malfeita.

Cerca de quarenta minutos depois da conversa ao telefone, a viatura de uma empresa de segurança particular estacionou em frente ao bar. Era dirigida por um homem branco, magro, com uma calvície bem acentuada e que deveria ser uns vinte anos mais novo que o tal Afrânio.

Ao vê-lo chegar, o companheiro que o aguardava levantou-se sorrindo e o recebeu com um efusivo abraço.

— Como está, Macedo? Cada vez mais careca e mais velho, hein!

— Olha quem fala! E esse barrigão aí. Parece até mulher grávida, rapaz!

Os dois riram largamente, mas logo a conversa tomou um tom sério. Afrânio mostrou a matéria jornalística ao amigo, que leu com curiosidade e depois, dando um profundo suspiro, olhou para o outro e perguntou:

— Você acha que é ela?

— Sem a menor sombra de dúvida – respondeu Afrânio, com convicção. — Olha aí a que altura da estrada o esqueleto foi encontrado. Eu nunca consegui esquecer aquela maldita placa que indicava a quilometragem da rodovia e que estava ali, bem ao lado de onde você estacionou a viatura.

O outro franziu a testa.

— Você acha que existe alguma chance de nos comprometer de alguma forma?

— Não. Quer dizer, acho que não. Eles não têm a menor ideia de quem seja a tal mulher e, se não aparecer ninguém para informar, ela nunca será identificada. Já se passaram mais de dez anos, cara! Além disso, eu tomei todo o cuidado para não deixar no local qualquer documento ou objeto pessoal que pudesse identificá-la. Coloquei tudo na bolsa dela, levei para a minha casa, taquei álcool, fiz uma fogueira e queimei tudo no fundo do quintal. Só sobraram cinzas que o vento espalhou por aí.

O outro suspirou mais uma vez, enquanto voltava a encher o copo. Macedo protestou:

— Caramba, Afrânio, você nem oferece!

— Mas você não está trabalhando? Não é melhor tomar um café?

— Café? Depois disso, me deu vontade de encher a cara.

Afrânio fez sinal para o balconista pedindo um copo, apoiou a mão no ombro do amigo e, olhando nos olhos dele, procurou tranquilizá-lo.

— Acho que não precisamos nos preocupar, Macedo. Eu só mostrei esta matéria para você ficar ciente do que está acontecendo. Este segredo está trancado a sete chaves e vai conosco para o túmulo, não vai?

O outro respondeu com um piscar de olhos e os dois permaneceram ali por duas horas, bebendo e comentando em voz baixa os detalhes do grave segredo que compartilhavam.

Enquanto falavam, cenas ocorridas dez anos antes começaram a se formar em minha mente, como se estivessem se projetando da memória dos dois amigos e tomando forma em meu campo mental.

Procurei prestar bastante atenção, pois sabia que ali estavam informações muito importantes e que me ajudariam a elaborar o conteúdo desta narrativa.

Capítulo 3

"Cada época está, assim, marcada com o selo da virtude ou do vício que a deve salvar ou perder. A virtude da vossa geração é a atividade intelectual: seu vício é a indiferença moral."

O Evangelho segundo o Espiritismo – Capítulo 9 – item 8

Uma cena antiga

Dez anos antes, no início de uma tarde comum no luxuoso sobrado da família Esteves, o jardineiro estava podando as plantas, quando ouviu tocarem a campainha do portão. Ele alertou uma das serviçais, que foi atender, e a visão que a moça teve não foi das melhores: uma mulher usando um vestido roto e encardido, cabelos em desalinho e semblante fechado, denotando algum resquício de desequilíbrio mental.

Ficou claro para mim que sua presença era indesejada naquele ambiente. A empregada estabeleceu contato visual com a visitante assomando o rosto a uma portinhola que havia no centro do portão e perguntou:

— O que a senhora deseja?

A outra a encarou com indignação, como se esperasse uma recepção mais digna.

— Preciso falar com o senhor Mathias agora mesmo.

— Sinto muito, senhora, mas ele não está em casa.

— Então eu preciso falar com a dona Amanda. Fala para ela que é a Rosália que está aqui.

— Desculpe-me, senhora, mas a dona Amanda também não está em casa.

A mulher olhou com ódio para a empregada da residência, desafiando-a.

— Pois, neste caso, eu vou ficar esperando eles voltarem. Posso entrar e esperar aí dentro? – arriscou com sarcasmo.

— Não, senhora! Eu não tenho autorização para deixar ninguém entrar aqui, na ausência dos patrões. Além do mais, eles não vão voltar tão cedo, pois viajaram para o exterior.

Rosália levou as duas mãos à cabeça.

— O que você disse? Eles estão fora do país?

A moça confirmou com um aceno de cabeça e se retirou. Nesse momento, a visitante, em total desequilíbrio, começou a gritar:

— Espere! Você está mentindo. Eu sei que eles estão aí. Fala que eu quero conversar com eles... Diz que é a Rosália que está aqui...

A empregada, já bem distante do portão, fez um gesto de quem não estava ouvindo nada e respondeu sem sequer se dar ao trabalho de olhar para trás:

— É melhor a senhora se retirar, antes que eu chame a segurança.

A outra perdeu de vez o autocontrole e aumentou o tom de voz:

— Olha aqui, moça! Deixa de palhaçada comigo. Eu quero falar com os seus patrões agora mesmo, senão vou chamar a polícia!

Diante da atitude agressiva da mulher, a empregada entrou e fechou a porta. A visitante voltou a gritar descontroladamente, enquanto socava o portão e apertava a campainha repetidas vezes.

— Volte aqui, sua idiota! Eu quero entrar aí para falar com os seus patrões! Cadê os malditos donos desta maldita casa? Por que não me recebem?

E assim permaneceu por algum tempo, demonstrando visível descontrole emocional. Chegou mesmo a atirar algumas pedras em direção ao sobrado, que só não teve as janelas atingidas, porque ficava bem recuado da rua. Até o jardineiro se afastou, com medo de ser atingido por uma pedrada.

✦ ✦ ✦

A mulher que tencionava entrar no sobrado estava tão descontrolada, que nem percebeu a hora em que um veículo estacionou próximo a ela. Um homem alto e musculoso, usando uma farda cinza, com o brasão de uma empresa de segurança, agarrou-a com força pelo braço.

Reconheci nesse homem a figura altiva de Afrânio. Estava dez anos mais novo, os cabelos menos grisalhos e sem o bigode de agora, mas não havia dúvida de que era ele.

Somente ao ser agarrada, foi que Rosália se deu conta do que estava acontecendo.

— O que está havendo aqui? – perguntou Afrânio, apertando ainda mais forte os braços magrelos da mulher.

— Nada demais, seu guarda... Eu só queria... Droga... Eles não querem me atender...

Pega de surpresa, ela não conseguia formular uma resposta coerente e falava de modo confuso, as palavras tropeçando na respiração ofegante pelo nervosismo.

— A senhora terá de me acompanhar – disse ele.

— Mas por quê? Eu não estou fazendo nada de errado.

Sem largar os braços dela, o homem riu com ironia.

— Ah, quer dizer que depredar propriedade alheia não é nada de errado?

— Espere, moço! Se tem alguém errado aqui são os donos desta casa. Eles me prejudicaram, entende?

— Claro que entendo – continuou o segurança, ironicamente. — O rico morador desta mansão deve ser um ladrão que invadiu a sua propriedade e roubou as suas joias caríssimas.

Falou isso e deu uma tremenda gargalhada, provocando também risos no companheiro que estava dentro do veículo, sentado ao volante, e que logo percebi tratar-se do Macedo.

— Não! O senhor não está entendendo. Eles me fizeram muito mal. Eu estou doente por causa deles...

O motorista girou o dedo indicador próximo à cabeça, sugerindo para o colega que se tratava de uma louca.

— Está certo – fingiu assentir Afrânio, aliviando um pouco o aperto das mãos nos braços de Rosália. — A senhora vai conosco até a delegacia e conta tudo isso para o delegado, está bem assim?

Ela pensou em contestar, mas, de repente, abriu um largo sorriso de satisfação.

— Espere... Vocês vão me levar à delegacia?

Mediante a confirmação do segurança, a mulher começou a gritar para que as pessoas do sobrado pudessem ouvir com clareza:

— Estou indo para a delegacia, ouviram? Vou voltar aqui com o delegado! Vocês vão ver com quem estão se metendo, seus malditos!

E se deixou conduzir até o veículo, onde foi acomodada no assento de trás. Afrânio ocupou o banco da frente, ao lado de Macedo, que deu a partida e seguiu em direção à saída do condomínio.

— Como foi que a senhora conseguiu entrar aqui? – perguntou o segurança.

— Entrando, ora bolas!

— Mas o que disse ao guarda que estava de plantão? Por que ele deixou a senhora entrar?

Ela arqueou os ombros e torceu os lábios, formando uma meia-lua para baixo.

— Eu disse "boa tarde!". E ele me deixou entrar porque quis. Não obriguei ninguém.

Naturalmente, Rosália não contou que havia ficado um longo tempo observando o guarda e entrado sorrateiramente num momento em que ele estava distraído, falando ao telefone.

De qualquer modo, Afrânio interrompeu o diálogo com ela e começou a conversar em voz baixa com Macedo. Porém, ainda inconformada com a falta de atenção da empregada do sobrado, a infeliz encontrava-se em total desassossego, irritada. Falava o tempo todo e gesticulava muito.

— É melhor a senhora guardar suas energias para a conversa com o delegado – sugeriu o segurança, deixando claro que estava se irritando com aquela lengalenga.

Intimidada com o seu agressivo tom de voz, a mulher silenciou, ou melhor; continuou falando, só que em voz baixa.

✦ ✦ ✦

O carro já estava rodando há um bom tempo. Saíra da zona urbana e seguia agora por uma rodovia, afastando-se cada vez mais da cidade. Rosália ficou desconfiada, franziu o cenho, olhou severamente para a paisagem e perguntou ao motorista:

— Hei, onde fica a tal delegacia? Para onde vocês estão me levando?

— Vamos dar um passeio – respondeu Afrânio, com indiferença.

— Passeio? Eu não quero dar passeio algum! Quero ir à delegacia...

Olhando-a pelo retrovisor, Macedo, que até então estava calado, respondeu com voz de deboche:

— Ah, mas não vai mesmo! Já tem maluco demais nesta cidade, tia. Então, vamos deixar a senhora bem longe daqui. E, se não quiser se meter em mais confusão, é melhor se comportar, entendeu?

Ao ouvir aquilo, ela ficou furiosa. Começou a gritar e a esmurrar as costas dos dois.

— Não! Vocês não podem fazer isto comigo, seus miseráveis! Vocês devem ser uns paus mandados daqueles pilantras. Eu preciso falar com o delegado... Vocês me prometeram.... Vamos à delegacia, agora!

Irritado com os socos que recebia, Afrânio virou-se e tentou segurar as mãos de Rosália. Mas ela estava muito agitada e iniciou-se uma luta frenética entre os dois. O segurança tentando contê-la e ela querendo se esquivar de suas mãos enormes de qualquer jeito.

Com os movimentos bruscos que fez, Rosália acabou girando involuntariamente a maçaneta da porta traseira do veículo que se abriu no momento exato em que Macedo, meio aturdido com toda aquela confusão, fazia uma curva bem acentuada.

Os fatos aconteceram com muita rapidez. Afrânio tentou desesperadamente segurar a mulher, pois o corpo dela começou a pender em direção à porta aberta. Ele até conseguiu pegá-la pela gola do vestido, mas o tecido se rasgou e ficou apenas um pedaço de pano em suas mãos.

Rosália foi projetada para fora do veículo, seu corpo flutuou no espaço, caiu pesadamente no asfalto e rolou, dando várias cambalhotas até o momento em que foi nocauteado por uma violenta pancada na cabeça, que se chocou pesadamente contra o meio-fio. Tudo isto ocorreu em fração de segundos e, ao final da cena, tudo para ela ficou escuro, frio e silencioso.

Capítulo 4

"A situação material e moral da humanidade terrestre nada mais tem que espante, inteirando-se da destinação da Terra e da natureza daqueles que a habitam."

O Evangelho segundo o Espiritismo – Capítulo 3 – item 6

Para debaixo do tapete

Apesar de estar acostumado, por força do ofício que escolhi e que exerço com amor, a assistir a essas cenas trágicas que infelizmente ainda fazem parte da história de vida da grande família terráquea, eu não pude deixar de me sentir muito mal diante do ocorrido. Embora não faça parte da minha função emitir julgamentos, é sempre com profundo pesar e até com assombro que observo como são, muitas vezes, inconsequentes os comportamentos humanos e como é sutil a linha que separa a lucidez da loucura, o certo do errado, o bom senso da insensatez...

Nada mais havia a ser feito para salvar a vida de Rosália e os dois companheiros de trabalho sabiam disso. Eram experientes o bastante para saber que a queda fora fatal.

Inicialmente ficaram se entreolhando, assustados, trêmulos. O carro estava meio atravessado no acostamento. A rodovia estava praticamente deserta, pois à época ainda era pouco utilizada. Quem quebrou o silêncio foi Macedo:

— Fecha essa maldita porta! – gritou com voz trêmula ao parceiro que estava petrificado.

Num gesto automático, Afrânio esticou o corpo sobre o banco, alcançou o puxador da porta traseira e a fechou com uma batida forte. Em seguida, Macedo acelerou e saiu dali a toda velocidade. Mas em poucos segundos foi questionado aos gritos pelo colega.

— O que você está fazendo, cara?

— Caindo fora daqui. Você tem ideia melhor?

— Não... Quer dizer... Espera um pouco; me deixa pensar, caramba!

Macedo não estava tão convicto do que fazia. Então encostou o carro.

— Se nós formos embora, alguém vai encontrar o corpo e de alguma forma podem chegar até nós – disse Afrânio, com a fala entrecortada pelo nervosismo. — A estrada está praticamente deserta, mas alguém pode ter observado a viatura, gravado o número da placa...

O motorista o olhou impaciente.

— Está bem! O que sugere então?

— Vamos voltar lá.

— Para quê? A mulher está morta. Não podemos fazer mais nada por ela.

— Vamos nos livrar do corpo... Jogar no mato...

— Empurrar a sujeira para debaixo do tapete... – o outro falou automaticamente, sem medir as palavras.

— Que seja! Que seja! Mas vamos logo, antes que apareça alguém.

Macedo engatou marcha ré e voltou pelo acostamento mesmo, estacionando o carro ao lado do cadáver com o objetivo de obstruir a visão de algum curioso que pudesse passar por ali. Os dois desceram e enquanto Macedo abria o capô do veículo, simulando um defeito mecânico, Afrânio abraçou o corpo raquítico de Rosália, ergueu-o e entrou correndo no matagal que ladeava a rodovia.

O mato ali era bem alto, de modo que ele logo se tornou invisível entre as árvores e o intrincado capinzal. Ainda assim, enfiou-se uns cinquenta metros mato adentro, deixando o cadáver num local bem escondido. Após arriar ali a carga fúnebre, vasculhou o corpo, procurando objetos que pudessem identificá-lo, mas, com exceção do vestido roto e das roupas íntimas, Rosália não estava usando mais nada; brinco, anel, pulseira... Ou seja, nenhuma dessas bijuterias que as mulheres costumam usar. Seu vestido não tinha bolsos e a única bolsa que ela carregava, havia ficado no interior do veículo.

Quando retornou para a estrada, Afrânio parecia robotizado. Sua roupa estava suja de sangue, seu corpo todo tremia e ele não conseguia se livrar da imagem pavorosa da cabeça esfacelada da mulher destrambelhada que os colocara naquela enrascada.

Os dois amigos voltaram para casa em silêncio. Cada um tomou as providências que lhe cabiam para que aquele episódio caísse no anonimato e assumiram uma postura muda, tendo muito raramente tocado no assunto ao longo daqueles dez anos.

✦ ✦ ✦

Quando voltei à realidade, estava novamente sentado à mesa próximo aos dois companheiros. Ficara tão absorvido por aquelas cenas, que tive a sensação de ter me ausentado dali e me assustei com o barulho que fazia um grupo de jovens que acabara de chegar, arrastando cadeiras e gritando para que o balconista fosse atendê-lo. Afrânio e Macedo estavam se despedindo. Fiquei me perguntando qual dos dois eu deveria acompanhar para continuar minhas observações.

De repente, meus próprios pensamentos me chamaram à razão: Minha tarefa não era necessariamente ao lado deles. Afrânio e Macedo faziam uso do seu livre-arbítrio e continuariam agindo como bem entendessem, já que suas atitudes eram compatíveis com o grau de evolução em que se encontravam. A lei de causa e efeito trataria de responsabilizá-los quando chegasse o momento do ajuste de contas.

Capítulo 5

"A perturbação que se segue à separação da alma e do corpo depende da elevação de cada um. Aquele que já está purificado, se reconhece quase imediatamente, pois que se libertou da matéria antes que cessasse a vida do corpo, enquanto que o homem carnal, aquele cuja consciência ainda não está pura, guarda por muito mais tempo a impressão da matéria."

O Livro dos Espíritos – Pergunta 164

Carregando gente morta

Por mais preparados que nos julguemos para desenvolver certas tarefas, algumas situações inusitadas ainda nos surpreendem e nos deixam chocados ao enfrentá-las, neste planeta de provações, onde a ideia metafórica do "vale de lágrimas", vez ou outra, assume aspectos assustadoramente realísticos.

Depois de ter acompanhado a conversa entre Afrânio e Macedo, senti-me fortemente atraído para a beira da rodovia onde há dez anos havia ocorrido o acidente que provocou a desencarnação de Rosália. Eu não estava entendendo o porquê de estar naquele local, até me deparar com uma das cenas mais lastimáveis já vistas desde que passei a realizar esse trabalho.

Rosália, que durante dez anos permaneceu "adormecida" no meio do mato, havia acordado dias antes com alguns homens estranhos mexendo em seu corpo. Ficou indignada e começou a destratá-los, enquanto procurava algo com que se defender do que considerou um imperdoável atrevimento.

Com sacrifício, conseguiu se desvencilhar, mas, afastando-se, percebeu que não era nela que os homens estavam bolinando. Na verdade, eles estavam recolhendo do meio do mato algo que a ela pareceram ossos ou gravetos, e iam acomodando tudo aquilo numa caixa de aspecto sinistro.

Sem saber o que estava fazendo num lugar tão ermo, encaminhou-se para a margem da rodovia e sentou-se no meio-fio. Sentia o corpo todo dolorido, principalmente a cabeça, que latejava terrivelmente. Ali se encontrava desde que aqueles homens estanhos foram tirá-la do seu demorado repouso.

Foi assim que eu a encontrei. Certamente ela não conseguia visualizar o próprio corpo, ou melhor, o perispírito[1], pois as condições em que se encontrava eram deploráveis, já que as marcas do acidente encontravam-se bem visíveis em sua constituição perispiritual, promovendo um espetáculo tenebroso para quem a enxergasse.

Encontrava-se muito irritada por causa das dores e com muito ódio dos motoristas que passavam por ali em altíssima velocidade, ignorando completamente o seu pedido de socorro. Havia ficado por um longo tempo em pé, fazendo sinal com o polegar, implorando para que alguém lhe desse carona, mas ninguém olhava para ela. Quando, movida pelo desespero da dor e pela irritação, tomou a arriscada iniciativa de avançar um

---

1 Perispírito é o nome dado por Allan Kardec ao elemento de ligação entre o Espírito e o corpo físico e que é, muitas vezes, semelhante a este. Constituído de matéria sutil, vaporosa, invisível aos olhos materiais, é o perispírito que serve como meio de manifestação ao Espírito quando este se encontra desprovido do corpo carnal. (N. do A.)

pouco para dentro da pista, quase foi atropelada por um caminhoneiro que dirigia falando ao telefone celular.

Depois do susto, decidiu sentar-se e esperar que alguma alma piedosa a atendesse. Sentia-se cansada e dolorida demais para continuar de pé. Sua cabeça estava confusa e o único sentimento que a envolvia era de raiva. Ela não sabia exatamente do que tinha raiva, mas era o que sentia e não estava com a menor vontade de mudar aquele estado mental, pois lhe parecia que era aquilo que a mantinha viva.

O dia estava chegando ao fim. Alguns veículos começavam a trafegar com os faróis acessos e Rosália já pensava na possibilidade de ter que passar a noite à margem da estrada. De repente, percebeu algo se aproximando pelo acostamento. Firmou a vista tentando distinguir o que era, mas só quando o vulto estava bem perto, foi que pôde ver claramente o que era.

Tratava-se de uma jovem, na casa dos vinte e poucos anos; estava empurrando uma bicicleta, transportando algumas sacolas de compras num cesto que se encontrava preso ao guidão e, sentado na garupa, estava um menininho que deveria ter uns três anos de idade e que mantinha os olhinhos fechados. Aparentemente estava dormindo.

Rosália sentiu uma atração irresistível por aquela moça e se levantou animada, tencionando seguir com ela. A jovem nem olhou para o lado, deixando claro que, assim como os motoristas, ignorava-a completamente. Ainda assim a acidentada passou a andar ao lado da moça, embora estivesse mancando muito, já que suas pernas também estavam muito doloridas. De repente percebeu um par de olhos mirando-a fixamente e se voltou para aquela direção. Era o menino que estava na garupa da bicicleta e que, tendo despertado, encarava-a com uma forte expressão de medo.

— *Mamã... Mamã...* – começou a choramingar a criança, apontando com o dedinho na direção de Rosália.

— O que foi, Thiaguinho? – gritou a mãe, irritada.

— *Bicho... Bicho, mamã... Bicho-papão...* – ficou repetindo o menino, enquanto estendia os braços desesperadamente para a genitora, pedindo colo.

A manha da criança fez a moça explodir de raiva, mostrando o quanto ela estava irritada.

— O quê? Você quer que eu lhe dê colo? De que jeito? Não vê que estou tendo de empurrar esta maldita bicicleta, que o vagabundo do seu pai foi incapaz de mandar consertar? Cansei de falar para aquele parasita que a corrente estava arrebentando, mas ele se mexeu? Não! É claro que não. Afinal, para que serve a escrava aqui?

O menino começou a chorar, irritando-a ainda mais.

— Cala a boca, senão eu faço você ir a pé! Só me faltava ter que tolerar mais um estrupício na minha vida; como se já não bastasse o imprestável do seu pai. Falei para ele que as compras estavam acabando, e ele fez o quê? Passou o fim de semana inteirinho jogando bola, naquele maldito campinho... E agora, quem teve de andar quase dez quilômetros para ir ao mercado? A idiota aqui. Aliás, tudo o que é serviço pesado naquela maldita casa, acaba sempre sobrando para mim...

Com medo da reação agressiva da mãe, o menino prendeu o choro e virou o rosto para o outro lado, evitando olhar para Rosália, que, de certo modo, divertia-se com aquela cena. Ela não percebeu de imediato, mas a partir do momento em que se aproximou daquela moça, boa parte das dores que sentia foi aliviada. Parte da irritação também havia se arrefecido, como se a jovem mãe houvesse absorvido uma fração do seu fardo.

Ouvindo os queixumes e as imprecações da moça, Rosália meneava a cabeça, concordando com tudo o que ela dizia. Não sabia por que, mas achava que aquela jovem estava coberta de razão. Algo lhe dizia que os homens são realmente imprestáveis e que não merecem a menor consideração.

Um pouco mais à frente, deixaram a rodovia e entraram numa estradinha vicinal, coberta de poeira e toda esburacada. A noite já estava bem escura, destacando as luzes oscilantes de um batalhão de vaga-lumes que bailava entre as árvores que ladeavam o caminho.

A cantilena rancorosa da jovem continuava:

— O seu pai vai me pagar, Thiaguinho! Ah, se me paga! Se a corrente da bicicleta não tivesse arrebentado, eu já estaria em casa há horas. Mas, estou aqui, morrendo de cansaço, com dor nas pernas e agora ainda esta maldita cabeça que também começou a doer... Mas ele vai me pagar por tudo isto... Ah, se vai!

Capítulo 6

"O Espírito não entra em um corpo como tu entras numa casa. Porém identifica-se com um Espírito encarnado, cujos defeitos e qualidades sejam os mesmos que os seus, a fim de agir conjuntamente com ele..."

O Livro dos Espíritos – Pergunta 473

A visitante indesejada

Quase uma hora depois, chegaram ao quintal de uma casa pequena e bem modesta, cercada por goiabeiras, mangueiras e um enorme abacateiro, que lançava sombra em todo o ambiente.

— Pelo jeito, o miserável do seu pai ainda nem chegou do trabalho – disse a moça, ao ver a casa trancada e no escuro. — Quer dizer... Trabalho é o que ele diz! Aposto que está na casa da mãe dele, de novo. Nem parece que é um homem casado. Por que tem que se enfiar lá todos os dias?

Encostou a bicicleta na parede da casa. Colocou o filho no chão, apanhou as compras que estavam no cesto e se dirigiu para a pequena varanda que dava acesso à porta da frente. O menino, muito sério, continuava evitando olhar para a mulher que os acompanhara e que estava bem próxima a ele.

A moça arriou as sacolas no piso da varanda, abriu a porta e entrou por um instante, a fim de acender a lâmpada da sala. Disse para o menino esperá-la do lado de fora, mas ele entrou correndo, agarrado às pernas da mãe, que voltou a ralhar:

— Quer parar com isso, Thiaguinho! Você está ficando besta, é? Que medo é esse? Nem parece que é homem!

Olhando para aquele toquinho de gente, Rosália não pôde deixar de rir, achando graça daquela observação. Afinal, o Thiaguinho teria ainda de comer muito feijão para chegar à condição de homem. Pelo menos no sentido de "homem corajoso" a que sua mãe se referia.

Apesar de não ter sido convidada, a hóspede invisível decidiu entrar na casa. Uma espécie de ímã a mantinha ligada àquela moça por quem passou a sentir uma grande afeição. Consequentemente passou também a antipatizar-se com o marido dela antes mesmo de conhecê-lo.

Só bem mais tarde, quando a jovem já havia preparado o jantar, dado banho no menino e o colocado para dormir, foi que o marido chegou. Tratava-se de um rapaz alegre e divertido. Entrou fazendo festa, com um ramalhete de flores na mão.

— Boa noite, meu amorzinho! Veja que coisa linda eu trouxe para você...

— Senhor Rodrigo! – falou a esposa, com a voz carregada de mágoa. — Se pensa que vai me engambelar com este raminho de flores do jardim da sua mãe, está muito enganado, ouviu? Eu não sou idiota como você pensa.

O rapaz a olhou desconcertado e abriu os braços.

— Meu Deus, Patrícia! O que é isso? Que mau humor é esse? O que foi que eu fiz de errado desta vez?

Ela o encarou desafiadoramente.

— É mais fácil listar o que você faz de certo, Rodrigo. O que faz de errado é coisa demais para escrever numa lista.

Rodrigo colocou as flores em cima da mesa e tentou se aproximar de Patrícia, tencionando abraçá-la.

— Poxa vida, Pat! Que raiva é essa? Só por que eu passei na casa da minha mãe?

— É isso também! – gritou ela, afastando-se. — Mas, tem muito mais coisas...

— Tá bom, tá bom! Então fala aí...

— Ah, e é preciso que eu fale? Você não sabe quais são as coisas erradas que faz?

Seu tom de voz ficava cada vez mais alterado e o marido começou a se preocupar. Notava-se que a moça tinha o pavio muito curto e que enfrentá-la nos momentos de cólera só fazia agravar a situação. Ela prosseguiu, olhando-o com raiva:

— Já que o senhor não sabe, escute e me responda: o que foi que eu falei no sábado, logo pela manhã?

Rodrigo a olhou interrogativamente.

— Tá vendo? Nem se lembra, não é? Eu falei duas coisas importantes. Uma delas foi que as compras estavam acabando, principalmente fraldas e leite para o Thiaguinho, lembrou agora?

O rapaz acenou a cabeça, confirmando. Ela voltou a perguntar:

— E a outra coisa, o que foi?

Ele a olhou calado.

— Que a maldita corrente da bicicleta estava quase arrebentando! Não se lembra? Você disse que iria fazer as compras e levar a bicicleta no conserto. Mas, o que fez o final de semana inteirinho?

Rodrigo a encarou novamente com aquele olhar interrogativo, enquanto Patrícia, com os braços cruzados, dava leves batidas no chão com o pé direito.

— Também não se lembra? Pois bem, você jogou bola no campinho, com aquela molecada o dia in-tei-ri-nho!

Rodrigo ameaçou dizer qualquer coisa, mas foi interrompido bruscamente.

— Não diga nada, entendeu? Porque só vai piorar as coisas. Se você tentar arrumar uma desculpa, eu vou ficar ainda mais brava e se for pedir perdão, já vou avisando, a resposta é: "não perdoo!".

E Patrícia encerrou a conversa jogando pela janela as flores que Rodrigo havia colocado em cima da mesa.

— Vou tirar essas porcarias daqui, antes que contaminem a casa.

O rapaz seguiu mudo para o quarto e se preparou para tomar um banho.

O clima no ambiente estava horrível e Rosália, que estava o tempo todo sentada numa cadeira, bem próxima ao casal, sentiu-se muito à vontade naquela casa. Acompanhara a discussão e estava contente por ver sua nova "colega" humilhar o palerma do marido daquele jeito.

✦ ✦ ✦

Era tarde quando finalmente Patrícia tomou banho e se recolheu. Rosália esperou para ir junto com ela para o quarto. Thiaguinho estava dormindo no berço, ao lado da cama. Rodrigo, que também já estava dormindo, acordou com o movimento do colchão no momento em que a esposa se deitou ao seu lado.

Virou-se, mais uma vez tentando abraçá-la, mas ela o repeliu novamente.

— Nem pense em me tocar – advertiu-o, com irritação.

— Poxa vida, Pat! Você ainda está com raiva?

— E por que não deveria? Por acaso você sabe o que aconteceu comigo?

— Não tenho como saber, você não me contou... Só fica brigando o tempo todo...

— Por causa da sua irresponsabilidade, eu tive que ir fazer compra, lá no mercado. Peguei a bicicleta, coloquei o Thiaguinho na garupa e fui rezando para ela não quebrar. Mas ela quebrou quando eu estava voltando, sabia? Andei uns quatro quilômetros empurrando a maldita bicicleta, com as compras no cesto e o menino na garupa. Estou com o corpo todo doendo e uma dor de cabeça terrível...

— Poxa, Pat, desculpa...

— Para, Rodrigo! Eu já falei que não desculpo!

— Está bem... Então eu vou pegar um remédio para você tomar.

— Não vai pegar nada. Não quero a sua ajuda para nada. Aliás, para o que eu precisava você não ajudou.

— Mas, a sua dor de cabeça...

— Ah, e você acha que eu já não tomei um monte de remédio? Pensa que eu gosto de sentir dor, é? Fique sabendo que eu tomei um vidro inteiro de analgésico e a dor não aliviou nem um pouquinho.

Disse isto, virou as costas para o marido e enterrou a cabeça embaixo do travesseiro, deixando claro que a conversa estava encerrada. Ao seu lado, com um sorriso de escárnio exposto nos lábios descarnados, a intrusa vibrava de satisfação. Após dez anos de abandono no meio do mato, podia desfrutar de uma cama macia e quentinha para dormir.

Capítulo 7

"A verdadeira afeição que os Espíritos votam a certas pessoas nada tem de carnal; mas, quando um Espírito se apega a uma pessoa, nem sempre o faz só por afeição. À estima que essa pessoa lhe inspira podem agregar-se as paixões humanas."

O Livro dos Espíritos – Pergunta 485

Compartilhando sofrimentos

Patrícia despertou com a cabeça estourando de dor. Deveria ter se levantado e preparado o café para o marido como fazia todos os dias, mas não encontrou disposição para sair da cama e Rosália achou que era bem feito.

Com a saída do rapaz, as duas voltaram a pegar no sono e quando acordaram já era muito tarde. Rodrigo havia saído contrariado e fizera o desjejum na casa da mãe, dona Palmira, que ficava próxima dali. Ele pensou que Patrícia não havia feito o café por pirraça e aproveitou para se queixar dela.

— Poxa, mãe, a Pat está insuportável! Parece uma velha ranzinza se queixando de tudo.

Dona Palmira o olhou com brandura.

— Coisas de mulher, meu filho. Vai ver ela está "naqueles" dias... Melhor relevar que logo, logo isso passa.

O rapaz balançou a cabeça.

— Pois eu acho que esse negócio de Tensão Pré-menstrual é só desculpa que algumas mulheres inventam para infernizar a vida dos maridos.

— Quem dera, meu filho, quem dera!

— A senhora, por exemplo; eu nunca vi a senhora brigando por estar na tal TPM.

— É mesmo? Então você deveria perguntar para o seu pai. Pena que ele já não está mais entre nós, senão ele ia contar quantas vezes nós brigamos por coisas sem importância simplesmente porque eu estava com os nervos à flor da pele. É certo que depois eu sempre pedia desculpas e a gente acabava se entendendo.

Aproximou-se do filho, fez um breve cafuné em sua cabeça e arrematou com um leve piscar de olhos:

— O lado bom das brigas de casal é o momento da reconciliação, meu filho. Não guarda raiva da Patrícia, não. Na primeira oportunidade, peça desculpas e dê muito carinho a ela. Não há mulher que resista a uma boa dose de carinho e atenção.

Rodrigo tomou café e saiu apressado para o trabalho. Sabia que a mãe tinha razão, mas estava magoado com a esposa e a ideia de enchê-la de carinho precisaria ser digerida com calma; quando a cabeça estivesse bem mais fria. Reconhecia ter falhado com Patrícia, mas achava que ela não precisava exagerar tanto na cobrança.

✦ ✦ ✦

Durante o dia, Rosália não se desgrudou de Patrícia, acompanhando-a bem de perto para qualquer lugar que ela fosse. Agora já não era mais uma questão de vontade, mas de necessidade. Bastava ela se afastar da moça por um segundo e voltava a sentir aquelas dores insuportáveis.

Desse modo, Rosália concluiu que deveria se posicionar o mais próximo possível e praticamente acoplou-se à esposa do Rodrigo. Ela não sabia bem como conseguia fazer aquilo, agia instintivamente, sem raciocinar. Uniu-se à jovem à semelhança de uma planta parasitária enganchada ao tronco de uma árvore ou a um carrapato grudado à pele de um animal. Não dava para ela saber se era exatamente isto que ocorria, na verdade tal união se dava apenas no campo mental, mas havia também uma espécie de junção em seus corpos perispirituais. A impressão de estar tão íntima à Patrícia deixava Rosália numa posição muito confortável.

Thiaguinho acabou se acostumando àquela estranha presença e já não fazia manha quando a desencarnada se aproximava dele. Apenas ficava olhando-a de soslaio e virava o rostinho quando ela o encarava. Rosália passou a se divertir com aquela situação e às vezes o provocava, pois a visão que tinha do menino era a de uma criança dengosa, irritante e egoísta.

Havia muitas tarefas a ser feitas na casa, mas a esposa de Rodrigo ficou quase o dia todo acamada, sem disposição para nada. Para Rosália foi ótimo, pois ela também se encontrava muito indisposta, dolorida e irritada. Sabia que alguma coisa não estava de acordo; que a vida prosseguia e que compromissos importantes deveriam aguardá-la em algum lugar, mas até para pensar ela tinha preguiça. O único objetivo que lhe interessava era ficar ali, sintonizada à sua receptiva e passiva hospedeira.

✦ ✦ ✦

Ao retornar para casa, no final do dia, Rodrigo encontrou Patrícia acamada, a casa suja, as panelas vazias e o Thiaguinho totalmente desleixado. Tentou conversar com ela, mas a moça estava ainda mais irritada do que na noite anterior.

O rapaz achou melhor ficar quieto, pois ele também já estava totalmente sem paciência com o mau humor constante da esposa. Naquela noite, dormiu no sofá da sala e Rosália ficou ainda mais à vontade, pois a cama agora era somente para ela e Patrícia. O clima estava frio e ela adorou desfrutar do calorzinho gostoso que emanava do corpo da moça.

Os dias seguintes transcorreram sem alterações naquele ambiente, onde a desencarnada se sentia cada vez mais à vontade, embora fosse acometida, de vez em quando, por uma estranha sensação de culpa. No fundo, algo lhe dizia que estava agindo de modo errado, mas ela não fazia a menor ideia do que era.

Outra sensação que lhe dominava à vezes era a de que ela estava fora do lugar. Que deveria seguir o seu caminho, procurar por alguém que pudesse lhe ajudar de alguma forma. Mas a lembrança do abandono à margem da rodovia e as dores lancinantes que a atacavam quando tentava se afastar de Patrícia, deixavam-na convencida de que era melhor permanecer onde e como estava.

Já quase no final daquela semana, Rodrigo chegou à conclusão de que o problema da esposa não era apenas irritação provocada pela TPM. Ela havia emagrecido; estava muito pálida e seus olhos estavam inchados e vermelhos, demonstrando que andava chorando muito.

Esta percepção o deixou preocupado e o sentimento de revolta que ele vinha alimentando foi substituído por outro, de remorso. Rodrigo começou a se julgar culpado por tudo aquilo. Se tivesse agido de forma diferente no sábado anterior, se tivesse consertado a bicicleta e feito as compras que ela havia pedido, nada daquilo teria acontecido, pensou ele.

Então, reuniu a maior carga de paciência que podia suportar e foi conversar séria, porém calmamente com Patrícia.

— Pat, meu amor! Quero pedir, do fundo do meu coração, que você me perdoe pelas burradas que fiz. Prometo que não vou mais dar motivo para você ficar tão brava comigo.

Ela o olhou com profundo desânimo. Estava na cara que, mesmo se quisesse brigar com ele, não encontraria forças. Diante da sua mudez, Rodrigo percebeu que a situação era mais grave do que imaginara. Patrícia não era de ficar calada, a menos que estivesse se sentindo muito mal. Então, ele se sentou na cama, segurou a mão dela e perguntou:

— O que está acontecendo, Pat? Você está doente? Quer ir ao hospital?

Ela lançou para ele um olhar mórbido e respondeu com voz fraquíssima:

— Não sei, Rodrigo... Não sei de mais nada... Acho que estou morrendo...

Ele arregalou os olhos e levantou-se abruptamente.

— Ah, meu Deus! Olha, Pat... Fique aqui... Eu vou chamar a minha mãe e já volto...

E saiu em disparada, voltando minutos depois em companhia de dona Palmira. A mulher examinou a nora medindo a temperatura de sua fronte com as costas da mão.

— Patrícia, você se lembra de ter comido alguma coisa que possa ter lhe feito mal? Parece que está febril.

Ela respondeu negativamente com um frágil meneio de cabeça.

— O que você está sentindo? Qual parte do corpo está doendo?

— Meu corpo todo está doendo, dona Palmira – respondeu com voz rouca e fraca. — Mas principalmente a minha cabeça.

— Então vamos para o hospital imediatamente. Rodrigo providencie um taxi bem rápido.

O rapaz saiu apressado e quando retornou com o taxi Rosália ficou em dúvida se deveria ir com eles ou ficar em casa, juntamente com o Thiaguinho e com uma adolescente, sobrinha de Rodrigo, que ficaria tomando conta da criança. A ideia de ir a um hospital não a deixava nem um pouco animada.

Assim pensando, decidiu que não os acompanharia. Mas quando foi se afastando de Patrícia, suas dores voltaram de modo insuportável. Sua cabeça começou a latejar violentamente; seus braços e pernas pareciam estar sendo arrancados à força. Foi acometida de uma fortíssima vertigem e voltou a grudar-se ao perispírito da moça, sentindo um alívio imediato ao fazê-lo.

Naquele exato momento, a esposa de Rodrigo passou a sofrer uma espécie de espasmo; começou a contrair os músculos e teve um acesso de tosse tão profundo, que culminou em vômitos. Por sorte, ela ainda não estava dentro do taxi, pois teria feito uma grande sujeira no veículo.

Quando a crise se acalmou, Patrícia foi acomodada no carro e Rosália, devidamente acoplada a ela, seguiu junto. Gostando ou não, teria de acompanhar a moça.

✦ ✦ ✦

No hospital, Patrícia foi examinada por um médico que diagnosticou o caso como sendo provocado por uma virose. Segundo o doutor, possivelmente por contaminação da água ou de alimentos mal preparados.

Ela foi internada para observação e tomou alguns medicamentos que foram inseridos no soro que lhe foi injetado na veia do braço. A sensação que Rosália experimentou ali até que foi bem agradável e as duas dormiram profundamente durante toda a noite.

No dia seguinte, Patrícia recebeu alta e uma ambulância a levou para casa. Lá, uma infinidade de tarefas a aguardava, pois a mocinha que ficara cuidando do Thiaguinho, além de não cuidar de nada, ainda havia deixado uma pilha de sujeira para trás. Roupas jogadas pelos cantos e a pia cheia de louça suja. Nem as fraldas descartáveis usadas haviam sido jogadas na lixeira, deixando o ambiente com um mau cheiro terrível.

Tudo isto provocou uma grande irritação em Patrícia, que começou a maldizer a menina e, de quebra, toda a família de seu marido.

— Um bando de imprestáveis! – grunhiu, enquanto, com má vontade, começava a organizar toda aquela bagunça.

À medida que ia limpando a casa, um ódio incontrolável ia tomando conta da esposa de Rodrigo e, consequentemente da companheira invisível que se encontrava ligada a ela. A raiva que sentia era compartilhada com Rosália que a devolvia multiplicada. Assim, aquela onda crescente de mau humor tornou-se insuportável.

Patrícia chegou a tal grau de irritação que começou a quebrar e a jogar na lixeira as louças mais sujas, em vez de simplesmente lavá-las. Sua atitude encheu de prazer a companheira. Rosália achou que ela estava certíssima e começou a incentivá-la mentalmente, já que patrícia, nesses momentos de crise, parecia acatar cegamente as suas sugestões para fazer coisas erradas.

"Quebre tudo isto!", sugeria a desencarnada. "O idiota do seu marido que compre tudo de novo. Quem manda ser tão irresponsável e possuir uma família tão inútil?".

E Patrícia ia quebrando e, à medida que quebrava, um riso de mórbida satisfação se desenhava em seus lábios e já não dava para saber de qual das duas era exatamente aquele sorriso.

Capítulo 8

"Se chamais demônio ao mau Espírito que subjugue um indivíduo, desde que se lhe destrua a influência, ele terá sido verdadeiramente expulso. Se ao demônio atribuirdes a causa de uma enfermidade, quando a houverdes curado direis com acerto que expulsastes o demônio. Uma coisa pode ser verdadeira ou falsa, conforme o sentido que empresteis às palavras."

O Livro dos Espíritos – Pergunta 480

Porrete, chicote e demônios

Como as atitudes de patrícia estivessem cada vez mais estranhas e as dores continuassem a perturbá-la, uma amiga de Palmira que frequentava um suntuoso templo religioso no centro daquela cidade convenceu Rodrigo de que sua esposa estava com um encosto demoníaco.

— O demônio tem muitos poderes – disse a mulher, com os olhos arregalados, mirando Patrícia. — Ele vive por aí, zanzando, e na primeira oportunidade toma posse do corpo da pessoa que não tem o hábito de frequentar igreja e de louvar a Deus.

Por mais de uma vez, Rosália teve a sensação de que a tal mulher conseguia vê-la e isto a deixou intrigada porque, ao que tudo indicava, sua presença era imperceptível para todos; exceto para o Thiaguinho, que já demonstrava até um certo apego por ela. Ele agora achava graça das caretas que a mulher fazia e que no início o deixavam tão assustado.

— Lá no nosso templo, o diabo não se cria! O poder de Deus é mais forte e põe o bicho para correr; vocês vão ver só...

– continuou a mulher, com o objetivo de convencer Rodrigo de uma vez por todas.

Rosália chegou a achar graça daquela situação. Ela não tinha a menor noção do que aquelas coisas representavam, mas ainda assim tudo aquilo lhe soava com uma absurdidade incrível. As caras e bocas que a amiga da família fazia enquanto falava chegavam a ser divertidas e despertaram nela uma grande curiosidade para saber como deveria ser o tal templo.

Diante de uma argumentação tão convincente, Rodrigo decidiu levar a esposa naquele mesmo dia para o que chamaram de sessão de descarrego.

✦ ✦ ✦

Patrícia estava praticamente fora de si quando entrou no templo, naquela noite de sábado. Ela havia sofrido várias crises durante o dia, tanto de dores quanto de irritação. A situação encontrava-se tão complicada, que o Thiaguinho estava permanecendo mais tempo junto da avó do que da mãe.

Mais tarde, Rosália iria se arrepender de ter ido àquele lugar, mas estava tão curiosa com todas aquelas novidades que só se deu conta do que estava acontecendo quando ouviu os gritos do religioso, um homem gordo, de baixa estatura, que suava abundantemente enquanto fazia suas enfáticas evocações:

— Vamos lá, seu demônio dos infernos! Você vai se afastar da nossa irmã neste instante. Deixe esta mulher em paz! Saia deste corpo, demônio! Saia agora, deste corpo!

Inicialmente, Rosália achou que não fosse com ela. Olhou à sua volta e viu inúmeras criaturas se contorcendo, arrastando-se pelo chão e seguindo em direção à porta do templo. Por seus semblantes pesarosos, dava para perceber que estavam sofrendo muito, sentindo dores terríveis.

Ela estava ainda chocada contemplando aquela cena, quando se viu subjugada por um sujeito enorme, com uma carranca de ódio no lugar da face. Ele era musculoso, tinha mais de dois metros de altura e arrancou-a à força do enlace com a esposa de Rodrigo, ordenando:

— Suma daqui, demônio! Desapareça!

Rosália ficou aturdida, porque no momento exato em que foi arrancada daquele enleio com Patrícia, seus sofrimentos voltaram violentamente. Sua cabeça parecia querer explodir, tão fortes eram as dores que sentia. Suas pernas e braços voltaram a doer como se estivessem sendo devorados por animais selvagens.

Enquanto o líder espiritual daquele templo repetia palavras ofensivas e evocava um poder divino para exorcizar demônios, o brutamontes que havia afastado Rosália de Patrícia continuava gritando:

— O que está esperando? Não está ouvindo as ordens do meu chefe? Saia daqui.

— Seu chefe? – sussurrou a desencarnada com sacrifício. — Ele não pode me ajudar? Eu estou com dores... Estou sofrendo muito...

O grandalhão deu uma risada sinistra.

— Ajudar um demônio? Você está louca?

— Espere... Deve haver um engano... Eu não sou um demônio. Sou uma pessoa que precisa de ajuda...

— Não me interessa saber da sua história. Só quero que você desapareça daqui.

— Mas para onde eu irei? E a minha amiga?...

— Problema seu e dela! Apenas suma daqui, senão eu vou ter de usar mais força bruta.

Rosália notou que não tinha jeito. Com muita dificuldade foi se arrastando em direção à porta. Mas, no desespero da dor, ameaçou voltar para junto de sua hospedeira. Uma dolorosa chicotada pareceu rasgar-lhe a pele das costas.

— Nem pense nisto! – gritou o brutamontes girando o chicote no ar.

— Mas... Mas... – gemia Rosália com voz chorosa.

— Ah, você prefere apanhar? Então tome!

E nova chicotada estalou em suas costas.

Cheia de dor e humilhação, a desencarnada desistiu de voltar para junto de Patrícia. Engatinhou pelo corredor e quando chegou às escadarias ficou horrorizada com a cena que ali se desenhava. Um verdadeiro exército de criaturas feridas, amputadas e ensandecidas estavam todas amontoadas, chorando, gritando, blasfemando, tentando invadir o templo, mas eram impedidas por vários brutamontes como o que a expulsara. Todos portavam chicotes, espadas e até armas de fogo, ameaçando os que se aproximavam dos pórticos dourados daquela casa que se dizia religiosa, mas que era cruel demais para com os sofredores desencarnados, tratando-os de forma tão desumana.

Bem próxima de Rosália, uma velhinha magra, de cabelos ralos e muito brancos, gritava com os punhos cerrados:

— Não sou demônio, seus patifes! Sou apenas uma mãe lutando pelo direito de ficar junto do filho! Vocês não podem me expulsar assim...

Porém quem gritava mais alto era um rapaz corpulento que aparentava não ter mais do que vinte anos. Usava roupa de motociclista, inclusive com o capacete que se encontrava preso sob o braço direito. Seus olhos estavam inchados e vermelhos de tanto chorar.

— Eu não vou me afastar da minha noiva! Ela não vai se casar com aquele idiota... Eu não vou deixar, entenderam? Não vou deixar... Ela é minha...

E havia ali um pandemônio tão intenso e agitado, que Rosália ficou aturdida. Tentou tapar os ouvidos com as mãos, mas não adiantava, pois a gritaria infernal parecia infiltrar-se por seus poros e invadir-lhe todo o ser.

✦ ✦ ✦

Ainda no altar, amparada pela amiga de sua sogra e pelo marido, Patrícia recuperou os sentidos. Olhou à sua volta, assustada, pois não tinha a menor ideia de onde estava e do que estava acontecendo. O religioso a encarava, suado, com um ar de cansaço, mas triunfante:

— Viram, meus irmãos? Nossa irmã já está curada! O demônio foi expulso em nome de Deus e voltou correndo para o inferno! É assim que tratamos o coisa-ruim nesta Casa de Deus. Ele pode se criar em outros lugares; aqui não! Aqui é na base do porrete e do chicote!

Contagiante ovação misturada a uma estridente salva de palmas eclodiu no ambiente. Gritos de "Viva!" e "Aleluia!" eram repetidos alegremente pelos fiéis.

Patrícia, ainda zonza, foi conduzida a um banco próximo ao altar e sentou-se exaurida. Só então percebeu que não estava mais sentindo dores nem irritação.

— Onde está o Thiaguinho? – perguntou ao esposo.

— Ele está bem, meu amor! Minha mãe está tomando conta dele. Não se preocupe.

Patrícia apoiou a cabeça cansada no ombro de Rodrigo e deixou fluir um choro silencioso de alívio. O marido a envolveu num caloroso abraço e os dois finalmente puderam desfrutar de uns momentos de paz.

Afinadíssimo coral começou a entoar uma música suave, enquanto alguns obreiros distribuíam envelopes onde os fiéis deveriam depositar as ofertas da noite.

Capítulo 9

"O Espírito se queixa de dor, porque, lembrando--se do sofrimento vivido no corpo que o revestiu, tem impressão semelhante àquela. Como uma pessoa que, havendo tirado o manto que a envolvia, julga, passando algum tempo, que ainda o traz sobre os ombros."

O Livro dos Espíritos – Pergunta 256

A solidão dos mortos

Misturada àquelas criaturas sofredoras, no extenso pátio que ficava em frente ao templo, Rosália tentava inutilmente voltar para junto de Patrícia, pois aqueles sujeitos enormes e mal-encarados a espancavam cruelmente toda vez que ela se aproximava da porta de entrada.

Por fim, cansada de ser agredida, desistiu de permanecer ali. Afastou-se e procurou abrigo numa pequena praça que ficava próxima. Sentia-se mal devido às dores e também por ter sido tratada de forma tão desumana. As palavras cruéis do líder espiritual ficaram ecoando em sua mente:

"Saia deste corpo, demônio dos infernos! Desapareça daqui."

Rosália sabia que não era um demônio. Podia não ser uma pessoa muito legal, embora não se lembrasse de nada a respeito de sua própria vida; era possível que tivesse lá os seus defeitos, mas daí a ser comparada a um demônio havia uma distância muito grande.

Quando as atividades terminaram e as pessoas começaram a sair, ela percebeu que muitos daqueles seres doentes que se acotovelavam à porta do templo procuravam por seus pares e, assim que os localizava, grudavam-se novamente a eles. Viu, inclusive, o momento em que a tal velhinha que gritava impropérios para os guardiões agarrou-se a um senhor de semblante sofrido e seguiu com ele, entre tensa e aliviada.

— Meu filhinho querido! Eu nunca vou abandoná-lo! – repetia ela, enquanto acariciava o rosto enfermiço do homem.

O mesmo aconteceu com o jovem motociclista, que se grudou a uma bonita moça e seguiu com ela enquanto repetia em seus ouvidos a seguinte frase:

— Você é minha noiva e não vai se casar com aquele idiota! Prefiro vê-la morta...

Aquilo despertou o interesse de Rosália, pois ela concluiu que os guardiões não mais interferiam quando as reaproximações eram feitas do lado de fora do templo. Ficou claro que a atuação deles ocorria somente da porta para dentro.

Foi tomada por novo ânimo, pois significava que Patrícia também estaria desprotegida e ela poderia tranquilamente voltar para junto da moça. Assim, retornou para perto da saída e ficou atenta, observando a passagem da mãe de Thiaguinho.

Foram minutos angustiantes de espera. Patrícia ficara esperando por Rodrigo no interior do templo, pois o religioso havia pedido para conversar com ele em particular.

— Você sabe o que aconteceu à sua esposa? – perguntou ele, quando se viu a sós com Rodrigo.

— Mais ou menos – respondeu o rapaz, ainda fascinado pelo irretocável desempenho teatral daquele homem. — Parece-me que ela estava possuída pelo demônio... É isso mesmo?

— Exatamente isto! – confirmou o outro, enfatizando a informação com um forte tapa na própria coxa. — Dona Patrícia estava possuída pelo coisa-ruim e por isso andava tão doente e irritada.

— Mas como pode acontecer uma coisa dessas? Minha esposa é uma boa pessoa, boa mãe, boa dona de casa...

— Mas não é temente a Deus! – atalhou o outro.

— Como é que o senhor sabe?

— Eu nunca os vi por aqui. Por acaso vocês frequentam outra igreja?

— Bem... Na verdade, nós...

— Vocês têm religião, mas não exercitam, não é? Dizem que têm fé, mas não a colocam em prática. Dizem que têm temor a Deus, mas na verdade o desafiam ausentando-se da casa religiosa e deixando de pagar o dízimo – discursou o expulsador de demônios, com um tom de voz impostado, como se estivesse numa tribuna.

— Sim. Mas como é que o senhor sabe dessas coisas?

— Sei, porque o Espírito Santo sopra em meus ouvidos – explicou o religioso, com os olhos arregalados e o indicador apontado para o alto.

— Quem?

— O Espírito Santo! Nunca ouviste falar dele?

Rodrigo meneou a cabeça horizontal e depois verticalmente, deixando o interlocutor em dúvida se a resposta era não ou sim. De qualquer modo, prosseguiu:

— Ele, o Espírito Santo, está me dizendo que se vocês não passarem a frequentar a nossa igreja; se não se tornarem dignos da nossa proteção, o demônio vai destruir o lar de vocês. E isto, meu irmão, é tudo o que não queremos!

Rodrigo o encarou muito sério. O discurso daquele homem era convincente e intimidador, ainda mais dito daquele jeito, cara a cara.

— Portanto, pense bem – continuou o orador. — O que lhes pedimos em troca de proteção e paz em seu lar é que vocês venham se juntar à nossa obra e que se tornem dizimistas do nosso templo.

Encerrou o discurso com um tom de voz que sugeria comoção. Levantou-se e abriu os braços, convidando Rodrigo a um caloroso abraço.

O rapaz também se levantou. Estava com o coração aquecido pela emoção do momento e retribuiu efusivamente ao abraço do religioso. Saiu dali decidido a se tornar um fiel frequentador daquele lugar.

✦ ✦ ✦

Ao ver o casal saindo, Rosália sentiu o coração bater num ritmo mais acelerado. Todos já haviam ido embora, pois a noite, além de fria, apresentava uma leve e persistente garoa.

Por isso, o pátio estava vazio. Rosália deu mais uma olhadela para a porta e se certificou de que já não havia mais nenhum guardião por lá. Nada poderia impedi-la de unir-se novamente à sua hospedeira.

Quando o casal passou bem perto, protegido por um enorme guarda-chuva, a desencarnada ouviu Rodrigo perguntar à esposa:

— Você está se sentindo bem, meu amor?

Patrícia estreitou-se ainda mais a ele, olhou-o com os olhinhos brilhando pelas lágrimas vertidas naquela noite e respondeu quase sorrindo:

— Estou ótima! Preciso apenas que você me perdoe pela maneira rude com que o tratei nesses dias.

Como os dois estavam andando devagar, Rosália pôde acompanhá-los bem de perto. Rodrigo beijou a testa de Patrícia.

— Não precisa pedir perdão, meu amor! Você estava doente e eu realmente precisava de uma lição. Mas agora tudo vai ficar bem.

— Ah, não vejo a hora de chegar em casa. Estou morrendo de saudade do Thiaguinho e... – interrompeu a fala abruptamente.

— E... O que mais? – perguntou Rodrigo com certa malícia na voz.

Ela olhou para os lados como a certificar-se de que ninguém mais estava ouvindo e cochichou:

— E de dormir abraçadinha com você.

Os dois começaram a rir e naquele momento Rosália foi tomada por um forte sentimento de culpa. Achou que não era justo voltar a juntar-se àquela família. Precisou fazer um esforço sobre-humano para resistir à tentação de acompanhá-los, até porque as dores continuavam a torturá-la impiedosamente. Agora, vendo-os se afastar, sentiu também uma enorme tristeza; uma sensação de abandono; uma vontade louca de chorar.

As lâmpadas que clareavam o pátio do templo foram apagadas e a escuridão tomou conta daquele ambiente. O vento frio e úmido pareceu intensificar-se e ela teve a sensação de que os seus ossos estavam congelados. Chegou a se arrepender de não ter seguido com o casal, mas agora era tarde. Os dois haviam apertado o passo e desaparecido na noite. Ela não fazia a menor ideia de como alcançá-los. Sentia-se terrivelmente só, desamparada e infeliz.

Capítulo 10

"Os vícios e defeitos acompanham os Espíritos que deixam a Terra, sobretudo os que alimentaram paixões bem acentuadas; uma espécie de atmosfera os envolve, conservando-lhes o que têm de mau, por não se acharem inteiramente desprendidos da matéria."

O Livro dos Espíritos – Pergunta 229

De demônio e de louco...

Rosália retornou à pequena praça e teve a atenção despertada para um mendigo que se encontrava deitado sob uma barraca improvisada com caixas de papelão e sacos plásticos. Seu corpo estava enleado num cobertor sujo e, apesar da intempérie, aquele rústico ambiente parecia quentinho e convidativo.

Aproximou-se e percebeu, pelos eflúvios etílicos de seu hálito, que se tratava de um alcoólatra, mas ainda assim achou que seria uma boa companhia. Sentou-se à sua cabeceira e começou a procurar um jeito de se acomodar junto a ele. De repente, um sujeito que estava grudado ao mendigo e que ela ainda não tinha visto, ergueu-se, encarou-a com olhos ferozes e balbuciou gravemente:

— Quem é você, bicho feio? O que está fazendo aqui?

Rosália o encarou entre assustada e irritada. Não bastassem as dores que estava sentindo e a raiva pela humilhação sofrida no templo, ainda era desafiada por um estranho mal-humorado e arrogante?

— Bicho feio é você! – respondeu ela prontamente.

— Xiiiii... Além de feia ainda é braba! – zombou o homem, com escárnio.

Rosália o encarou, mas ele não se intimidou.

— Procura outro parceiro, pois este aqui é meu – ordenou com o dedo em riste.

— Faça bom proveito do seu mendigo – disse ela. — Não quero nada com ele. Só preciso me proteger do frio e dormir um pouco.

O sujeito, que também tinha a aparência de um mendigo, e que também parecia bêbado, aproximou-se e disse:

— Olha, eu poderia expulsá-la daqui a safanões, mas não vou fazer isto, pois estou hoje de boa maré. Então vamos fazer assim: acomode-se por aí e durma, mas não me perturbe, está bem?

Se estivesse em melhores condições, Rosália certamente teria recusado e dito uns belos desaforos àquele mal-educado. Mas encontrava-se tão fragilizada; com a autoestima tão em baixa, que qualquer companhia naquele momento lhe serviria. Ela só não queria ficar sozinha de novo.

Deitou-se junto àqueles dois estranhos e apesar de tudo se sentiu melhor. Suas dores se acalmaram um pouco e até a raiva foi se aliviando aos poucos. Logo sentiu uma forte sonolência e apagou.

✦ ✦ ✦

Apesar do mau tempo da noite anterior, Rosália despertou com o sol batendo em seu rosto. O mendigo, que já estava acordado, havia desfeito a barraca improvisada e juntava as suas tralhas, entre as quais se destacava uma garrafa de plástico, quase cheia de aguardente. Ele ia juntando os pertences e enfiando tudo numa velha mochila toda rasgada, possivelmente catada em alguma lixeira.

Rosália não viu o tal sujeito que se dizia dono do mendigo e que havia implicado com ela. Deduziu que ele deveria ter ido dar uma volta. Grata pela precária, porém providencial noite de sono, quis agradecer àquele molambento companheiro e o cumprimentou:

— Bom dia, meu senhor!

Mas o mendigo nada respondeu. Na verdade, nem a olhou, deixando claro que a ignorava completamente.

— Bom dia, seu mal-educado! – gritou ela.

Ele continuou em silêncio e foi se afastando. Rosália pensou que seria melhor deixá-lo ir em paz; afinal, já não precisava mais dele. O problema é que à medida que o pedinte foi se distanciando, as dores que a acompanhavam começaram a ficar mais fortes e a irritação foi-se intensificando. Então, ela saiu capengando atrás dele que, por sorte, não andava muito rápido e pôde ser alcançado.

Mas a sua tranquilidade durou pouco. Logo foi agarrada pelo sujeito grosseiro que vivia na companhia do mendigo e que a interpelara na noite anterior.

— Hei! Aonde pensa que vai, sua intrometida? – perguntou rudemente.

— Sei lá!

Na verdade, ela não sabia mesmo para onde estava indo. Aliás, não sabia nada sobre coisa alguma.

— Pois eu já lhe disse que este sujeito é meu. Portanto, procure outro para você.

Ela o encarou.

— Eu já lhe disse que não pretendo prejudicar nem tomar nada de ninguém. O problema é que eu não me lembro de coisa alguma, meu senhor. Estou completamente perdida, precisando de ajuda. Não sei de onde vim, para onde vou, quem sou, o que estou fazendo aqui...

Ele a fitou enrugando a fronte.

— Como é? Você está mesmo tão esquecida assim?

Rosália apenas meneou a cabeça, confirmando.

O mendigo parou à sombra da marquise de uma perfumaria, abriu a garrafa com aguardente, tomou um generoso gole que foi compartilhado pelo companheiro, secou a barba encardida com o dorso da mão e deitou-se. Era domingo, todas as lojas estavam fechadas e ele fizera a mudança de local certamente para fugir do sol.

Acomodando-se junto ao infeliz que voltara a ressonar, o tal sujeito, agora com um tom de voz mais calmo, disse à Rosália:

— Venha. Sente-se aqui. Eu já vi que você está mesmo confusa e precisa de ajuda. Eu vou lhe dar umas orientações.

Pela primeira vez, nos últimos dias, alguém a tratava com um pouco de dignidade. Rosália ficou até emocionada com a atitude daquele estranho. Sentaram-se ao lado do mendigo e o homem disse:

— Olha, vamos começar do zero, está bem?

Ela acedeu com um meneio de cabeça e ele prosseguiu:

— O meu nome é Bertoldo e eu nem vou perguntar o seu, pois pelo jeito você não se lembra, não é?

— Sim. Quer dizer, não. Realmente eu não me lembro.

— Não se lembra de nada mesmo? Não sabe o que está lhe acontecendo?

— Não.

Ele assobiou e advertiu com gravidade:

— Pois é melhor que procure se lembrar, senão pode ficar perdida por muitos anos; décadas e até mesmo por séculos neste estado de amnésia.

Ela achou que fosse uma brincadeira e forçou um sorriso.

— Não estou brincando – disse Bertoldo seriamente. — Do que consegue se lembrar, afinal? Qual é a sua recordação mais antiga?

— Bem, minha lembrança mais antiga é de estar à beira de uma rodovia, pedindo carona, sem que ninguém parasse para me socorrer. Eu estava lá depois de ter sido despertada no meio do mato, com uns homens estranhos mexendo no meu corpo. Acordei sentindo dores terríveis e muita raiva. Depois, acompanhei uma moça que passou por lá. Fiquei na casa dela por alguns dias e estava me sentindo bem melhor. Mas ontem à noite eu fui escorraçada de um templo religioso...

O sujeito abandonou por um momento o jeito sisudo e começou a rir.

— Já sei. Você foi chamada de demônio e eles a expulsaram de lá a chibatadas, não foi?

— Isso mesmo. Como é que o senhor sabe disso?

Então ele se virou, arriou a blusa imunda que usava e mostrou as costas cheias de cicatrizes.

— Eu experimentei o sabor daqueles chicotes. Sei o quanto eles ardem.

— Mas por quê? – perguntou ela. — Por que fazem isto? Nós não somos demônios...

— Isso depende do ponto de vista de cada um. Aliás, de demônio e de louco, quem é que não tem um pouco?

— Como assim? Eu não me sinto um demônio...

— Ah, mas para o dono daquele templo e para os comandados deles nós somos demônios, sim. Demônios impiedosos que vivem perturbando a vida das pessoas de bem.

— Mas, se acreditam nisto, por que só protegem os fiéis enquanto eles estão dentro do templo? Se eu quisesse, teria permanecido ao lado da moça com quem estava. Quando ela saiu de lá, não tinha ninguém para me impedir. Aliás, eu vi que muitos se ligaram às pessoas que deixavam o templo e também não foram impedidos.

Bertoldo sorriu com sarcasmo.

— Eles permitem que isto aconteça, porque, no fundo, precisam de nós.

— Precisam de nós? Como assim?

— É que se nós, "os demônios", formos afastados de uma vez por todas, as pessoas não precisarão mais frequentar o templo e não vão depender de quem os libertem das nossas demoníacas atuações.

— Mas por que isto acontece? Por que Patrícia, a moça com quem eu estava vivendo, conseguia amenizar as minhas dores e me deixar mais calma? Por que ela nunca me dava atenção e parecia não me ver?

Ele coçou a cabeça e fez uma careta que sugeria dúvida.

— *Xiii*... Não sei se devo lhe revelar isto.

Rosália o olhou interrogativamente.

— Talvez você não esteja preparada para saber – disse Bertoldo, como se tivesse ouvido alguma pergunta.

— Saber o quê?

— Coisas que talvez não lhe façam bem.

Num gesto automático, ela se aproximou e segurou nas mãos dele.

— Por favor, fale! Seja o que for, eu preciso saber.

Ele a encarou bem de perto e Rosália teve a impressão de ter percebido um leve sentimento de compaixão em seu olhar. Concluiu que uma revelação importante lhe seria feita e preparou-se para ouvir.

Capítulo 11

"Os Espíritos errantes são mais ou menos felizes ou infelizes, conforme seus méritos. Sofrem por efeito das paixões cuja essência conservaram, ou são felizes, de conformidade com o grau de desapego material a que hajam chegado."

O Livro dos Espíritos – Pergunta 231

Vícios e misérias humanas

Enquanto o mendigo ressonava, com a boca aberta e a cabeça recostada na porta da loja, Rosália aguardava em grande expectativa pelos esclarecimentos prometidos por Bertoldo, que perguntou:

— Como é mesmo o seu nome?

E, antes que ela respondesse, ele deu um tapa na própria testa e disse:

— Ah, é verdade, você não se lembra. Então vou lhe chamar de "Esquecida", está bem?

Ela acenou a cabeça confirmando. O nome com que seria chamada era o que menos a incomodava naquele momento.

— Pois bem, senhora "Esquecida"... – ele deu um suspiro e abriu as mãos, num gesto elucidativo. — Acontece que você está morta.

Rosália sentiu um abalo. Seu corpo estremeceu e ela começou a se apalpar.

— O quê? Morta? Mas como?...

— Mortinha da silva – ironizou ele. — Aliás, tão morta quanto eu. Por isso, a sua amiga não lhe dava atenção. Você não tem mais um corpo de carne. Isto aí que você está apalpando, por mais que pareça, não é carne e não pode ser visto por quem está vivo.

— Mas... Tem gente que me vê.

— Sim. Gente que está morta como nós.

— Não. O Thiaguinho, filho do casal com quem eu fiquei, me via. O dono do templo e a mulher que convenceu o marido da Patrícia a me levar à sessão espiritual, também. Eu tenho certeza de que todos eles me viram...

— É verdade! Você tem razão. Algumas pessoas vivas conseguem nos ver, mas são pouquíssimas. São os chamados médiuns; indivíduos que fazem o intercâmbio entre os dois planos. No entanto, a maioria das pessoas não tem a menor noção de que existimos. Você deve ter percebido que essa Patrícia e o marido dela nunca viram você. Da mesma forma que o pobre diabo do Duílio.

— Duílio? – perguntou Rosália, bastante confusa com todas aquelas informações.

Ele apontou com o queixo para o mendigo.

— Sim. Este homem que está dormindo aí. Estou ao lado dele há muitos anos e ele não faz a menor ideia. Por acaso ele viu você?

— Não. Eu até o cumprimentei quando acordei, mas ele nem me olhou.

— Está vendo? Não foi por falta de educação. É porque nós somos invisíveis para eles. Nosso corpo agora é diferente. É feito de alguma coisa que os vivos não conseguem enxergar.

A mulher refletiu por uns instantes e perguntou:

— E aqueles brutamontes do templo?

— Tudo gente morta! – exclamou Bertoldo. — Eles e aqueles desvalidos que são expulsos a chicotadas e que ficam se acotovelando no pátio e nas escadarias. Estamos todos no mesmo barco.

E completou com desânimo:

— Um barco à deriva sobre um mar revolto! E parece que ninguém quer pilotar esta embarcação...

Bertoldo se calou por um tempo enquanto Rosália tentava absorver todas aquelas novidades, lutando contra as próprias limitações mentais, tentando buscar sentido para tudo aquilo. Mil indagações pululavam em sua mente, de forma confusa, desordenada. Por que não conseguia se lembrar de sua própria vida? Se estava mesmo morta, de que modo havia morrido? Há quanto tempo estaria habitando o mundo dos mortos? Como havia ido parar à margem daquela rodovia? O que estava fazendo naquele lugar tão estranho? E o mais intrigante: por que não conseguia se sentir morta?

Depois de algum tempo, Bertoldo retomou a palavra, falando agora de um modo mais cauteloso a fim de permitir que ela se acalmasse.

— Não precisa ficar tão preocupada, minha amiga! Quer dizer... Posso chamá-la de amiga, não é?

Ela sorriu languidamente, aquiescendo. Ele retribuiu o sorriso e continuou:

— A notícia de que estamos mortos abala as estruturas de qualquer um. Comigo também não foi diferente. Mas não se preocupe. Daqui a pouco você se acostuma com a ideia e vai ver que o que somos depois de mortos não é muito diferente daquilo que éramos enquanto vivos.

A mulher o olhou surpresa:

— O quê? O senhor quer dizer que a nossa existência enquanto vivos era tão miserável quanto é agora?

— Primeiramente, eu gostaria que você parasse com esta mania de me chamar de senhor. Já que vamos ser amigos, não há necessidade de me tratar com tanta cerimônia.

— Desculpe... – disse ela, baixando a cabeça.

— Está tudo bem! Só não faça eu me sentir mais velho do que sou – exclamou Bertoldo, com um sorriso amistoso. Depois prosseguiu:

— A resposta à sua pergunta é: sim. Pelo menos para mim e para todos os infelizes que conheço tem sido assim. Nossa vida não mudou em nada pelo fato de termos morrido. Quer dizer, a diferença é que eu era rico e agora compartilho migalhas com um mendigo.

— Rico? – perguntou Rosália, com certa indiscrição. — Desculpe, mas é difícil imaginar...

Ele suspirou profundamente.

— Mas é a mais pura verdade, minha amiga! Quando eu estava no corpo, levava uma vida muito ociosa, improdutiva.

Por força de grande riqueza herdada, nunca precisei trabalhar, e desde jovem sempre gostei muito de beber, talvez por falta de ocupação. Depois que morri não tenho feito outra coisa a não andarilhar e beber. A única diferença é que agora eu preciso da ajuda de um companheiro que tenha um corpo de carne para satisfazer o meu vício. Por isso, vivo preso a este coitado – apontou novamente com o queixo para o Duílio, que dormia profundamente. — O corpo físico dele me permite desfrutar das doses diárias de que eu preciso para encarar esta vida... Quer dizer, esta "morte" tão entediante.

— Você usa o Duílio para satisfazer o seu vício?

— Bom, "usar" não é bem o termo. Eu apenas tiro proveito do hábito que ele já possui. A diferença é que, como bebe por dois, ele precisa consumir uma quantidade maior do que consumiria se bebesse sozinho. E talvez até já tivesse largado o vício... Mas, fora isso, tudo está dentro da normalidade.

— Normalidade? Quer dizer que você não se sente culpado por isso?

— Para falar a verdade, não. Embora pareça uma ideia absurda, a questão é que se eu não o tivesse "adotado" outros o fariam. E eu posso garantir que há companheiros mortos muito mais prejudiciais do que eu.

— E o que você pretende fazer quando ele morrer?

— Bom, primeiramente, espero que demore bastante, até porque eu tenho feito de tudo para mantê-lo vivo. Sempre que posso eu o protejo, evitando, por exemplo, que ele se machuque seriamente quando sofre alguma queda. Pretendo preservá-lo no corpo por muitos anos ainda, pois o corpo dele é a minha garantia de satisfação. Quando ele morrer, eu vou ter de encontrar outro beberrão para substituí-lo.

— Isto não deve ser difícil. Com tanto bêbado por aí...

— Aí é que você se engana. Há muitos viciados do lado de cá e com o tempo vão chegando cada vez mais. Além disso, os bêbados que estão no plano material normalmente já possuem os seus "companheiros mortos", assim como os usuários de drogas e outros tipos de dependentes químicos. Encontrar um viciado disponível para nos satisfazer é uma tarefa quase impossível hoje em dia.

— Difícil imaginar que faltem viciados no mundo...

— Não é que faltem viciados no mundo; o problema é que há viciados demais do lado de cá também. Para onde você acha que vão esses infelizes que morrem de bebedeira ou por conta de outros vícios? Você acha que só porque morreram, deixaram de ser viciados? Estamos todos misturados, vivendo em dimensões diferentes, mas todos no mesmo barco, como eu já disse. A situação é tão crítica, que há viciado no plano material "carregando" mais de dez mortos nas costas.

Bertoldo olhou para o horizonte, como se buscasse imagens que lhe escapavam à memória.

— Para você ter uma ideia, a questão é tão complicada que eu, acostumado a uma vida de luxo, consumindo as melhores marcas de vinhos e uísques que meu dinheiro podia comprar, tive de me adaptar ao consumo desta cachaça vagabunda que o Duílio adquire com as moedas que ganha de esmola.

— Mas por que você não se juntou a um beberrão rico?

— Porque, como já lhe disse, não é tão fácil quanto parece. A maioria dos viciados já tem o seu acompanhante que, de modo geral, luta ferozmente para defender o seu hospedeiro. Além disso, para satisfazer o meu vício, não basta a companhia de alguém que beba moderadamente. Eu preciso de alguém que beba "demoradamente", entendeu?

— Bem, pelo menos este problema eu não tenho – ela comentou com indisfarçável orgulho.

— Mas com certeza tem outros defeitos – exclamou Bertoldo, jogando por terra a soberba da mulher. — Senão não estaria nesta enrascada.

— Como é que você pode afirmar uma coisa dessas, se nem me conhece?

Ele riu com o canto da boca.

— Os vícios não são apenas de ordem física, minha amiga! Existem maus hábitos morais tão graves quanto. Orgulho, egoísmo, ambição, soberba, ódio, ciúme, inveja e tantos outros sentimentos negativos são também uma espécie de vício e, como tal, atraem os seus mortos afins. O barco é o mesmo. O que mudam são as posições que ocupamos dentro dele. Uns a bombordo, outros a estibordo; alguns à popa, outros à proa... Mas cada qual com o seu grupinho.

Rosália estirou os lábios.

— Não compreendo esta linguagem de marinheiro.

— Isto não vem ao caso. O que estou dizendo é que você não é tão superior quanto pensa. Todas as pessoas que se encontram na condição em que estamos têm sérios problemas a resolver.

— Como você...

— Claro! E por que não os teria ou haveria de negá-los? Passei um bom tempo sem me lembrar do que havia ocorrido comigo; sentia-me meio vivo e meio morto. Uni-me a pessoas pelas quais me senti atraído; algumas pelos vícios materiais, outras pelos sentimentos inferiores que se igualavam aos meus. Muitas delas, para se livrarem da minha presença, procuraram ajuda no templo do qual você foi expulsa. Estive várias vezes naquele ambiente e já estava me tornando até íntimo daqueles guardiães impiedosos que adoravam me surrar.

— Mas se você sabia que seria expulso, por que continuava indo lá?

— Por falta de opção. Eu estava vivendo a esmo, procurando alguma coisa para satisfazer as minhas necessidades, tentando ocupar o meu tempo e encontrar parceiros com quem dividir os meus infortúnios... Sei lá! Um dia, juntei-me a uma senhora que me atraiu de uma forma quase irresistível. Senti-me perfeitamente acolhido ao seu lado e fiquei com ela por um tempo.

— Dá até para imaginar o final da história. Ela foi buscar ajuda no templo e você foi açoitado...

— Não! Esta senhora era trabalhadora voluntária de uma casa religiosa diferente.

— Como assim, diferente?

A pergunta foi automática. De repente aquela conversa despertou uma grande curiosidade em Rosália.

— Bom, o atendimento no lugar onde esta senhora trabalha é feito em grupo e não por uma só pessoa. Além disso, não existem guardiães de chicote na mão e em vez de nos chamarem de demônios e nos expulsarem, eles nos chamam de "irmãos em sofrimento" e nos tratam com respeito.

— Você está brincando?

— De jeito nenhum! É exatamente como eu lhe disse.

— Mas, se você esteve num lugar assim, por que não ficou lá?

— Bem, a proposta deles não é que gente fique lá. Eles nos convidam à reflexão e depois nos encaminham para assistência no que chamam de colônias espirituais.

— Sim; que seja... Mas por que você não aceitou a assistência oferecida?

— Porque não é tão fácil assim. Antes do convite para ser tratado, eu precisava me lembrar de tudo o que havia me ocorrido. Disseram que a tomada de consciência sobre os meus atos era muito importante para a recuperação. Perguntaram se eu queria me lembrar do passado e eu concordei, pois estava mesmo curioso. Imagens do que foi a minha vida foram projetadas em minha mente e eu visualizei as coisas horríveis que havia feito. Vi desfilar diante dos meus olhos o sujeito egoísta, prepotente, orgulhoso e ambicioso que fui.

Bertoldo estava tão abalado com tais lembranças, que precisou parar um pouco para tomar fôlego. Depois prosseguiu com a voz opressa:

— Fui tomado por um remorso e uma vergonha terríveis. Julguei-me indigno de receber a atenção e o amor daquelas pessoas caridosas. Disseram-me que não havia problema; que, no fundo, todo mundo é devedor mesmo. Garantiram-me que eles também, apesar de estarem trabalhando para o bem, tinham as suas dívidas morais, mas não conseguiram me convencer. Ou melhor, não conseguiram convencer a minha consciência.

Rosália estava estarrecida diante daquele dramático desabafo. De repente, aquele homem, que lhe pareceu inicialmente forte e agressivo, mostrava-se agora um ser frágil e inseguro.

— Minha nossa, Bertoldo! Ouvindo-o falar assim, eu fico até com medo de me lembrar do meu passado. Eu também devo ter aprontado muito para estar nesta condição.

— A verdade, senhora Esquecida, é como eu já lhe disse: todos que se encontram na condição em que estamos não fizeram boa coisa para estar aqui.

— Você ainda se lembra do que fez?

— Penso nisto o tempo todo. É um inferno que fica martirizando a minha mente dia e noite. Por isso fico desesperado, tentando me embriagar para esquecer as burrices que fiz.

— Gostaria de falar a respeito disso?

— Não sei se devo...

— Talvez lhe faça bem.

— E satisfaça a sua curiosidade.

— Sim. Por que não?

— É... Talvez...

— Mas só fale se estiver com vontade; se achar que vai lhe ser útil.

Ele a olhou com imensa tristeza.

— Você tem razão, senhora Esquecida! Talvez eu me sinta mais aliviado falando sobre os meus passos errados. Pelo menos sobre aquele que eu considero ter sido o mais grave, uma vez que descrever todos os deslizes de uma vida inteira seria praticamente impossível.

Capítulo 12

"À medida que os homens se instruem acerca das coisas espirituais, menos valor dão às coisas materiais. Depois, necessário é que se reformem as instituições humanas que os entretêm e excitam. Isso depende da educação."

O Livro dos Espíritos – Pergunta 914

Cada um com o seu remorso

A história de Bertoldo ocorrera muito tempo atrás, mas continuava bem viva em sua mente depois que sua consciência fora despertada para o equívoco que cometera. A pequena cidade onde ele nasceu e cresceu tinha, à época, menos de dez mil moradores. Entretanto, desde que foi cortada por importante rodovia, passou a atrair o investimento industrial e comercial de empresários empolgados com sua excelente localização geográfica.

Em algumas décadas, sua população saltou para mais de duzentos mil viventes e todos os espaços edificáveis em sua área urbana haviam sido explorados pela indústria imobiliária, não restando um terreninho que fosse para a construção de qualquer empreendimento um pouco mais amplo.

No entanto, Bertoldo, um dos moradores mais ilustres da região – descendente do fundador da cidade e herdeiro de uma grande fortuna –, fazia questão de manter desocupada uma área imensa, localizada na parte mais efervescente do município. Um lugar estratégico; sonho de consumo de todos os investidores que por ali passaram.

Tinha ele a vida tranquila de um solteirão ocioso, dedicado ao jogo de carteado e ao hábito de esvaziar litros e mais litros de uísque. Recebeu todo o tipo de proposta para se desfazer do terreno, mas foi irritantemente inflexível, a ponto de receber dos investidores a alcunha de "Cintura de Cedro", em alusão à dureza daquele tipo de madeira. A justificativa para não vender o terreno era sempre a mesma, repetida quantas vezes fosse necessário, como uma ladainha previamente decorada:

— Meu bisavô, que tinha muito orgulho de possuir aquele terreno, pediu ao meu avô, que pediu ao meu pai, que me pediu para nunca vendê-lo. Todos os outros cumpriram a promessa, então não serei eu que vou descumprir.

E os empresários insistiam:

— Mas, seu Bertoldo, isso foi em outros tempos. A cidade era muito pequena e aquele terreno não interessava a ninguém. Agora é diferente...

— Não adianta – cortava ele. — Não vou quebrar a promessa feita aos meus antecessores. Sei lá que tipo de má sorte posso atrair com isto?

E a inflexibilidade do Bertoldo acabou sendo mais forte do que todas as argumentações de todos os investidores que o procuraram. Desse modo, o imenso terreno, cercado por um muro bem alto e com um pesado portão de ferro trancado em sua parte frontal, continuava totalmente vazio e inútil, em contraste à região central do município, cada vez mais povoada e em constante agitação.

O progresso industrial não levou para aqueles rincões apenas aspectos positivos. Inevitavelmente, junto às chaminés das fábricas chegou também a poluição e, consequentemente, certas enfermidades provocadas pelos produtos químicos lançados nos ares, agravados pelos espessos rolos de fumaça tóxica que acinzentavam o firmamento.

Com o grande número de vítimas dessas doenças precisando de tratamento, as autoridades municipais conseguiram verba do governo federal para a implantação de um moderno hospital que pudesse atender não somente aos moradores daquela cidade, mas também dos municípios vizinhos. Até aí, tudo ótimo, mas havia um problema: onde construir o tal hospital? Toda a área urbana estava tomada pelas construções e o único espaço disponível era o terreno do Bertoldo.

Conhecedores da sua teimosia em manter a hereditária promessa, secretários da prefeitura foram conversar com o proprietário, tentando fazer uma negociação, mas o fizeram desanimados, certos de que receberiam um "não" como resposta.

E foi exatamente o que aconteceu. Bertoldo repetiu a velha cantilena e não se sensibilizou com o argumento de que o terreno abrigaria um importante hospital, que salvaria a vida de muita gente.

— Promessa é promessa e tem que ser cumprida! – encerrou assim o assunto e pediu aos homens do prefeito que se retirassem de sua casa.

Ao tomar conhecimento do que se passava, a população se uniu e fez várias manifestações em frente à casa do Bertoldo, exigindo que ele liberasse o terreno para a construção do hospital, mas nada adiantou.

Numa dessas manifestações, levaram um menino de uns oito anos de idade e o expuseram ao teimoso proprietário do terreno. O menino sofria de um tipo raro de câncer, tinha o rosto deformado pela doença e um olhar tão triste, que cortava o coração de quem o olhasse. Menos do Bertoldo, que, sentindo-se confrontado, acabou ainda mais determinado a manter a sua postura.

As autoridades municipais decidiram reivindicar na justiça, propondo uma desapropriação do imóvel. Bertoldo contratou um ótimo advogado, para a contrapartida.

— Será uma batalha inútil – disse-lhe o advogado. — Dificilmente conseguiremos evitar que a prefeitura desaproprie o terreno.

— Se tivermos que perder, perderemos brigando – sentenciou Bertoldo. — Procure ganhar bastante tempo. Se a derrota vier depois da minha morte, não há problema. Pelo menos não terei quebrado a promessa.

E assim foi. Durante muitos anos, a batalha judicial transitou pelos fóruns, enquanto a população adoecia e vários óbitos eram lavrados no município, em função da falta de atendimento hospitalar adequado.

Um dia, Bertoldo estava jogando e bebendo, quando o advogado chegou desanimado e lhe deu a péssima notícia:

— Perdemos a causa! Não há nada mais a ser feito. A prefeitura está autorizada a tomar conta do terreno.

Ele ficou irritadíssimo. Quis dizer mil desaforos, gritar, xingar, socar os móveis... Mas não conseguiu fazer nada, pois sentiu uma fisgada violenta no peito. Apoiou os braços cruzados sobre a mesa e sobre eles a cabeça, esperando que a dor se acalmasse.

Assim que se sentiu melhor, levantou-se resoluto e correu em direção ao terreno. Lá chegando, posicionou-se em frente ao grande portão de ferro. Abriu os dois braços e gritou:

— Que venham tomar a minha propriedade! Terão de passar por cima do meu cadáver para fazê-lo, seus miseráveis!

Então ele percebeu que uma multidão se aproximava vagarosamente, como se fosse uma procissão. À medida que as pessoas chegavam mais perto, Bertoldo começou a reconhecê--las e não conseguiu entender nada. Tratava-se de gente morta. Moradores daquela cidade que tinham sido sepultados nos últimos anos.

— O que estão fazendo aqui? O que querem comigo? – perguntou arrepiado de terror.

Um dos homens, um açougueiro velho conhecido de Bertoldo, olhou-o com severidade.

— Viemos lhe mostrar o resultado da sua teimosia. Muitos de nós ainda estariam vivos, se não fosse por você. Se o hospital tivesse sido construído, estaríamos vivendo ao lado dos nossos entes queridos. Mas, por sua causa, tivemos a morte antecipada por doenças que poderiam ter sido curadas.

Bertoldo estava aturdido, apalpando-se, tentando entender o que estava acontecendo.

— É! Você também está morto! – disse o homem, com ar de afronta. — É por isso que consegue nos ver. Pertencemos agora à mesma dimensão; fazemos parte da multidão dos que morreram inconformados.

Então Bertoldo percebeu a gravidade da situação e, choroso, pediu perdão. Disse que havia aprendido com o pensamento materialista de sua família que a morte é o fim de tudo. Jamais imaginou que teria que prestar conta dos seus atos depois que deixasse a vida física.

Enquanto falava, o garotinho que havia sido usado numa das manifestações, aproximou-se dele. Continuava com o rosto deformado, o semblante triste... Ao vê-lo, Bertoldo estremeceu da cabeça aos pés.

— Você? O que veio fazer aqui? Também veio me acusar de ser o culpado por sua desgraça?

O menino o encarou com um olhar enigmático e quis dizer qualquer coisa, mas Bertoldo se recusou a ouvi-lo. Deu um grito e saiu correndo desesperado. Sem saber por quanto tempo, andou fugindo de seus fantasmas, até que um dia quedou cansado naquelas paragens.

✦ ✦ ✦

— Esta é a minha história e o resto eu já lhe contei – disse ele, ao fim da narrativa. — Como você pode ver, sendo ou não demônios, somos nós que construímos os nossos infernos pessoais.

Rosália estava ao mesmo tempo perplexa e curiosa.

— Mas, e lá no lugar em que você esteve com a tal senhora, o que lhe disseram?

— Disseram-me que a vida é assim mesmo; que a gente vai aprendendo com os erros; que estamos ainda muito atrasados em termos de moralidade e que muitas das nossas ações equivocadas ocorrem por ignorância, por falta de conhecimento das leis universais. Disseram que estas coisas ruins podem ser bem aproveitadas, se as encararmos como aprendizado para as ações futuras.

— E ainda assim não o convenceram?

— Eu até que estava gostando daquilo, mas prepararam uma cilada que me deixou novamente desnorteado.

— Cilada? Como assim?

— Não sei se foi intencional ou se ocorreu contra a vontade daquele grupo. Afinal, eles se mostraram generosos desde o início. Mas quando eu já estava convencido a seguir com a equipe de socorristas para a tal colônia espiritual, o garoto com câncer, de quem eu andava fugindo há tanto tempo, reapareceu. Levei um grande susto e não quis encará-lo. Eu não podia olhar para aquele menino sem me sentir muito mal. Fiquei irritado, pois eles deveriam saber disso. Não podiam ter me exposto daquela forma. Então eu fugi novamente, voltei a peregrinar por aí, até que encontrei o Duílio e senti uma forte atração por ele. Tudo o que precisei fazer foi expulsar uns idiotas que o estavam assediando. Desde então, passei a conviver com este infeliz de quem não consigo mais me afastar.

Ao final da exposição, Rosália passou a nutrir por Bertoldo uma boa dose de simpatia e compaixão. Agora ele já não se parecia em nada com aquele homem rude que a tratara com hostilidade na noite anterior. Observando-lhe o semblante amargurado, fustigado pelo sofrimento imposto pelo remorso, alguns lampejos de sentimentos sufocados em seu próprio íntimo ameaçaram aflorar, mas ela logo tratou de aquietá-los, mantendo-os adormecidos nas profundezas da alma. Inconscientemente, preferia que a sua história continuasse sendo apenas e tão somente uma grande incógnita.

Capítulo 13

"O Espírito unicamente vê e ouve o que quer. Dizemos isto de um ponto de vista geral e, em particular, com referência aos Espíritos elevados, porquanto os imperfeitos muitas vezes ouvem e veem, ainda que não queiram, o que lhes possa ser útil ao aperfeiçoamento."

O Livro dos Espíritos – Pergunta 250

Escolas de vida e morte

O desabafo realmente fez bem a Bertoldo que, depois de alguns minutos de apatia e tristeza, assumiu uma postura mais otimista, mostrando-se até mesmo brincalhão e bem humorado. Os dois conversaram muito naquele dia e uma amizade sincera começou a se desenvolver entre eles.

Bertoldo levou Rosália para ver algumas novidades que ela não tinha a menor noção de que existiam. Deixaram o Duílio dormindo sob a marquise da loja e foram dar uma volta. Quando passaram perto de um grupo que se reunia em torno de um fogãozinho improvisado com pedras e tijolos, cozinhando alguma coisa numa lata encardida, ele disse:

— Preste atenção àquele grupo. Quantas pessoas você consegue enxergar ali?

— Vinte e duas. Nove mulheres e treze homens – respondeu Rosália, depois de observar por uns instantes.

— Perfeitamente. Mas o que você não percebeu é que ali só tem oito pessoas vivas. Quatorze estão mortas como nós.

A mulher achou incrível aquilo.

— Nunca imaginei que vivos e mortos convivessem de forma tão íntima, ocupando o mesmo espaço e dividindo as mesmas tarefas – disse ela, pensativa. — Pelo jeito é a mesma coisa que aconteceu entre mim e Patrícia.

— Exatamente.

— Mas é estranho. Observando assim, de fora, a visão que se tem é esquisita demais.

Como ela não conseguia distinguir os vivos dos mortos, pediu ao Bertoldo que a ajudasse. Depois que ele apontou quem estava vivo e quem estava morto, ela chegou à conclusão de que praticamente não havia diferença entre uns e outros, já que todos compartilhavam os mesmos interesses.

— Por que estão juntos? – ela perguntou.

— Por causa de suas afinidades. São usuários de drogas. Os que estão mortos utilizam os que estão no corpo físico para satisfazer o seu vício.

Apesar de parecer uma observação inconveniente, ela não pôde evitar a comparação.

— Da mesma maneira como você faz com o Duílio...

Bertoldo a olhou muito sério, deixando claro que não gostara muito daquele comentário.

— Não. É muito diferente – pontuou. — Para manter o nosso vício, eu oriento o Duílio a pedir esmolas de forma educada e subserviente. Quem quiser, dá; quem não der não vai sofrer nenhum tipo de represália por isso. O que aqueles sujeitos fazem é bem pior. Eles praticam furtos, assaltos e outros tipos de violência.

A mulher abanou a cabeça confirmando ter entendido a diferença. Havia se arrependido de ter feito a comparação, mas agora era tarde para voltar atrás.

— Para cometer esses crimes – prosseguiu Bertoldo —, os vivos contam quase sempre com o encorajamento dos mortos que os acompanham. Entre eles existem assassinos, ladrões e outros tipos de criminosos. Portanto, para eles, as ações violentas são encaradas com muita naturalidade. Induzir os vivos a praticá-las é uma simples diversão.

Como alguns daqueles desencarnados estivessem nus, expondo tranquilamente a sua intimidade, Rosália perguntou.

— Por que alguns deles estão sem roupa?

— São viciados em sexo – explicou Bertoldo. — Eles induzem rapazes e moças daquele e de outros grupos de viciados a manterem relações sexuais sem qualquer método contraceptivo, com o intuito de provocar reencarnações por meio das quais, em muitos casos, eles próprios retornam ao corpo físico para continuarem mantendo os seus vícios e de seus parceiros. É literalmente o que podemos chamar de "ciclo vicioso".

— Inacreditável! – exclamou ela.

— Das quatro moças que ali estão duas encontram-se grávidas e não fazem a menor ideia de quem sejam os pais de seus filhos, já que seus relacionamentos são puramente instintivos, sem qualquer vínculo afetivo e quase sempre ocorrem em momentos de inconsciência – concluiu Bertoldo. — Se as crianças que nascerem dessas gestações sobreviverem e se não forem acolhidas pelas instituições responsáveis pelo seu bem-estar, estarão fadadas a seguir o mesmo caminho de quem as concebeu.

— Quanta loucura, meu amigo! Se alguém me contasse uma coisa dessas, eu não acreditaria. Parece irreal...

— Parece, mas é a mais pura realidade. A vida é uma escola muito dura, minha amiga! Só vivendo num ambiente assim é que a gente consegue ter uma noção exata de quanta degradação existe na natureza humana. No fundo, o dono daquele templo tem as suas razões; todos nós, depois de mortos, acabamos virando demônios mesmo. Uns em maior, outros em menor grau, mas todos com a sua cota de maldade, vício, egoísmo e perversão.

— Mas os trabalhadores do outro lugar onde você esteve discordam disso.

— O ponto de vista deles é mais moderado, mas para mim é apenas isto: "ponto de vista". Eu penso mesmo que a gente só deixa de ser demônio, depois que para de sugar os outros; depois que se torna independente.

Mil palavras passaram pela mente de Rosália, mas ela não teve coragem de falar. Ficou pensando que o seu amigo Bertoldo, enquanto vivo, havia agido como demônio na vida das pessoas que não puderam receber tratamento médico por causa do seu egoísmo. E agora, mesmo ciente do erro cometido no passado, agia como um demônio na vida do pobre Duílio que se tornara um escravo das suas vontades. Bertoldo tinha consciência da sua condição de "sugador de energias do Duílio", sabia que estava agindo errado novamente, mas ainda assim não conseguia forças para mudar as suas atitudes.

Foi impossível para Rosália não pensar em sua própria situação e temer pelo que a aguardava no futuro. Se, mesmo sendo tão consciente, inteligente e até mesmo um pouco moralista, o Bertoldo não conseguia se livrar do seu lado "demoníaco", certamente com ela não seria de outra forma.

Estava claro que ela também havia agido como demônio na vida de algumas pessoas, senão, como dissera o Bertoldo, não estaria presa a um ambiente tão degradante depois de morta. Aliás, para o proprietário do templo e para os familiares de Patrícia, o seu papel de demônio ficara bem evidente naqueles dias em que ela estivera "hospedada" na casa da família. O próprio Thiaguinho, na sua inocente visão, não a chamara de bicho-papão?

✦ ✦ ✦

Como não havia digerido bem a observação da amiga, comparando sua atitude com a dos mortos que usavam os jovens viciados para se satisfazerem, Bertoldo a chamou para irem a outro lugar.

Ela o acompanhou com interesse, até porque todas aquelas novidades estavam lhe despertando uma grande curiosidade. Aproximaram-se de uma residência humilde, que ficava situada numa rua estreita e mal cuidada. Chegaram no momento exato em que um homem, aparentando ter no máximo uns trinta anos de idade, adentrava o portãozinho do quintal da casa. Com certeza havia passado a noite na pândega e caminhava com passos trôpegos de volta ao lar.

Depois de procurar nos bolsos e não encontrar a chave da porta, começou a esmurrá-la com selvageria. Logo após, uma mulher de ar sofrido, vestida ainda de camisola, abriu a porta e o homem começou a insultá-la antes mesmo de entrar:

— Por que não abriu logo esta porcaria? Está me escondendo alguma coisa ou alguém aí dentro, é?

Ela pediu desculpas a ele, mas o sujeito não se deu por satisfeito.

— Isso são horas de estar dormindo? Vai dizer que nem fez o café ainda...

O casal entrou. Bertoldo e a mulher entraram juntos e acompanharam a cena a certa distância. No interior da casa, o marido continuou provocando a jovem esposa, que não ousava rebatê-lo. Ainda assim, ele a espezinhava o tempo todo, ameaçando esbofeteá-la.

Bertoldo cochichou no ouvido da amiga:

— Consegue ver quem está grudado àquele homem?

Ela firmou bem a vista e pôde notar uma figura sombria junto a ele.

— Sim. – respondeu e emendou a pergunta: — quem é?

Bertoldo fez um sinal para que saíssem. A conversa ali poderia atrair a atenção do mal-encarado que assediava aquele lar e que parecia divertir-se muito à custa da desgraça que ali provocava.

Do lado de fora, os dois conversaram mais à vontade.

— O morto que se ligou àquele infeliz é um indivíduo terrível que, segundo consta, foi responsável pelo assassinato da própria família em sua última encarnação. Matou sua esposa e seus três filhos por causa de ciúmes.

— Nossa! E ficou impune?

— Nada disso. Ele foi preso, julgado e condenado a cumprir longa pena num presídio onde se reuniam os piores criminosos da época.

— E cumpriu a pena até o final? – perguntou Rosália, bastante curiosa com aquela história.

Bertoldo balançou a cabeça negativamente.

— Não teve tempo. Logo após a sua prisão, envolveu-se em brigas com outros detentos e foi assassinado com extrema selvageria.

— Pelo jeito, ele não mudou...

— É como eu lhe disse: a morte não muda ninguém. Ele continua sendo extremamente possessivo e ciumento, além de gostar muito de beber e de se meter em todo tipo de confusão que se possa imaginar.

— Então ele faz aquele infeliz brigar com a esposa só para se divertir?

— Na verdade, ele incentiva. O outro sujeito se submete às vontades dele pelo fato de ter tendências para o alcoolismo e para a violência. Eles estão unidos pela lei de atração e as brigas não ocorrem apenas no ambiente familiar. Quando bebe e fica sob a total influência do amigo morto, este homem se transforma naqueles bêbados irritantes que provocam todo mundo e acabam sempre criando transtornos nos ambientes em que se encontram. De vez em quando, leva uma bela surra, mas não se emenda.

— Parece que ele odeia a esposa...

— Por incrível que pareça, ele a adora.

— Então tem um jeito muito estranho de demonstrar esta adoração.

— Não é o que acontece quando ele está sóbrio. Sem a ação do álcool em seu organismo, ele fica mais resistente à atuação do companheiro morto que o assedia, e se arrepende dessas agressões. Chora muito, pede perdão à esposa e promete que não voltará a beber e a agredi-la. Durante as fases de abstinência, é um marido dedicado, pacato e carinhoso. O problema é que esses períodos têm duração muito curta. A sede implacável do sujeito que vive grudado a ele e a sua própria necessidade de embriagar-se sempre acaba se sobrepondo.

— Eles não têm filhos?

— Não têm, porque a esposa não se deixa engravidar. Ela sabe que as mesmas oscilações de humor que o sujeito tem como marido, terá também como pai.

Enquanto caminhavam de volta para junto do companheiro que ficara dormindo sob a marquise, a mulher perguntou a Bertoldo:

— É por isso que você não se considera uma companhia tão ruim para o Duílio?

— Exatamente. Como eu já disse, não o induzo a cometer atos violentos e até o protejo quando posso.

Novamente Rosália foi tomada por mil pensamentos e teve de fazer um grande esforço para não meter o bedelho em assuntos que não lhe diziam respeito. Afinal, sua própria condição era para ela uma incógnita e do ponto de vista que a natureza humana se descortinava à sua frente, a vida se apresentava como uma escola triste, revoltante e extremamente pessimista.

Capítulo 14

"Pode-se chamar alma penada o Espírito errante e sofredor, incerto do seu futuro, ao qual podeis proporcionar um alívio que muitas vezes ele solicita ao vir comunicar-se convosco."

O Livro dos Espíritos – pergunta 1014

Flores com espinhos

E a senhora "Esquecida" permaneceu ao lado de Bertoldo e de Duílio nos dias subsequentes. A companhia dos dois a distraía e amenizava as dores de seu corpo ou do que deveria ter sido o seu corpo enquanto viva.

Por mais estranho que pudesse parecer, foi um período de aprendizado, em que ela absorveu vários conhecimentos sobre a vida pós-morte. No entanto, continuava intrigada com aquela falta de memória. Várias vezes Bertoldo tentou ajudá-la a se lembrar, mas não adiantava. Seu nome e a sua origem continuavam sendo um indecifrável mistério.

Um dia, Rosália sentiu muita vontade de conhecer o seu passado. Então pediu a Bertoldo que a levasse ao lugar onde ele havia sido atendido pela tal equipe socorrista que o tratara com respeito e dignidade.

— Tem certeza de que quer fazer isto? – perguntou ele. — Lembre-se de que uma vez abertas, certas feridas jamais voltam a cicatrizar e podem trazer dores terríveis.

— Certeza eu não tenho – respondeu ela, com um semblante pesaroso. — Mas não aguento mais viver nesse esquecimento sem fim. Sinto que tenho algo importante para tratar e preciso descobrir o que é.

— Algumas lembranças são bem espinhentas – advertiu Bertoldo.

Rosália sorriu.

— Espero que pelo menos haja flores entre os espinhos do meu passado. Além disso, por mais que você insista, eu não consigo acreditar que a vida seja este barco à deriva, sem ninguém no comando. Não é possível que a gente morra para ficar num mundo tão miserável quanto este.

Bertoldo pensou por uns instantes. Parecia não estar convencido de que deveria ajudá-la, talvez porque estivesse acostumado àquela companhia e não quisesse correr o risco de perdê-la. Mas acabou cedendo. Estendeu a mão e disse:

— Está bem, senhora Esquecida! Vamos atrás do seu passado.

Levou-a até uma casa simples e bonita que ficava a três quarteirões da praça onde estavam vivendo em companhia do Duílio.

— É aqui, tão perto? – perguntou Rosália admirando a bela fachada da pequena residência.

— Não. Aqui é onde mora a mulher que me levou para ser atendido. Eu não vou até lá com você. Não gosto de chegar nem perto daquele lugar.

— Como você sabe que ela vai para lá hoje?

— Eles têm atividades todos os dias. Marlene é uma trabalhadora dedicada, que dificilmente deixa de comparecer.

— Marlene é o nome dela?

— Sim.

— E como é que você sabe desses detalhes sobre a vida dela?

Ele baixou a cabeça.

— É que... Bom, às vezes, eu sentia vontade de voltar àquele lugar. Vinha até aqui e ficava espreitando, mas na última hora me faltava coragem e eu acabava desistindo.

— Você ainda tem essa vontade?

Ele balançou a cabeça.

— Não mais. Reconheço que sou um caso perdido. Joguei a toalha...

Rosália o olhou com piedade. Quanto mais o conhecia, mais descobria as suas fraquezas e mais se afeiçoava a ele.

— Vamos prestar atenção – advertiu Bertoldo. — Daqui a pouco nossa amiga deve sair de casa e você só precisará acompanhá-la.

— Quer dizer que você não vai mesmo?

— Não. Sua presença junto a mim e as conversas que tivemos nesses últimos dias reativaram ainda mais as minhas angústias. Eu não quero me arriscar a passar por aquela experiência novamente. Não quero voltar a encarar aquele menino nunca mais.

Pouco depois, viram a jovem senhora que aparentava ter uns trinta e cinco anos de idade. Seus cabelos começavam a se tornar grisalhos e algumas rugas discretas demarcavam-lhe o rosto de traços suaves. Estava vestida de modo simples e deixava a residência, encaminhando-se a um ponto de ônibus que ficava do outro lado da rua, quase em frente à casa onde morava.

— Boa sorte! – disse Bertoldo, afastando-se dali.

Rosália estava assustada e ao mesmo tempo excitada com tudo aquilo. Não havia mais ninguém no ponto de ônibus a não ser ela e Marlene. A desencarnada sentiu uma atração incrível por aquela mulher e sentou-se bem próxima a ela, absorvendo a energia salutar que a outra emitia.

Logo o coletivo passou pelo ponto, Marlene deu sinal para o motorista parar e embarcou. Vinte minutos depois, as duas desembarcaram numa rua pouco movimentada, em frente a um sobrado de três andares, em cuja fachada havia uma pequena placa com os dizeres: "Casa do Fraterno Amor do Cristo".

Marlene entrou e Rosália a seguiu bem de perto. No andar térreo funcionava uma livraria e um bazar de objetos usados para serem vendidos a preços módicos. Cerca de vinte pessoas, entre trabalhadores e assistidos distribuíam-se nos dois pequenos estabelecimentos, que funcionavam como fonte de renda para a sustentação financeira daquela casa fraterna. O dinheiro arrecadado nos dois pequenos comércios era usado apenas para as despesas de manutenção do prédio, uma vez que todos os trabalhadores, inclusive os dirigentes, eram voluntários e nenhum centavo era cobrado pela assistência ali oferecida.

Logo que entrou no sobrado, Marlene, demonstrando ser uma pessoa muito estimada, foi abraçada por todas as pessoas que se encontravam na recepção e, pacientemente, distribuiu abraços e beijos, sempre sorrindo e com um bom humor inabalável.

O último a ser cumprimentado foi um senhor negro, magro, de semblante agradável, a quem ela confidenciou:

— Ozias, acho que vou precisar da sua ajuda hoje.

Ele a olhou sorridente.

— Está acompanhada?

— Com certeza. Pelo peso que estou sentindo nas pernas e pela dor de cabeça, o caso é bem complicado.

— Está bem – respondeu ele. — Daqui a pouco já vamos cuidar disso.

Marlene encaminhou-se para o segundo piso, onde havia um grande salão de palestras, com cerca de duzentos assentos para a plateia. Um jovem casal tocava violão e cantava músicas suaves, enquanto as cadeiras eram ocupadas pelo público que aos poucos ia tomando todos os espaços.

Marlene sentou-se na primeira fileira de assentos e deixou-se envolver pela sensação de paz que a suavidade da música transmitia. Este sentimento foi também absorvido por Rosália que foi tomada por uma intensa nostalgia e teve de fazer grande esforço para não começar a chorar.

Mas chorar por quê? – perguntava-se ela. Não sabia nada sobre a própria vida. Não conhecia aquele lugar nem aquelas pessoas. Não sabia o que estava fazendo ali. Por que tinha vontade de chorar? Seria a prévia manifestação dos tais espinhos mencionados por Bertoldo a lhe espicaçar a alma? De qualquer modo, sentia-se aliviada por não ver naquele ambiente nenhum troglodita de chicote na mão a ameaçá-la.

Logo após a apresentação musical, o palestrante da noite deu as boas-vindas a todos e iniciou seus comentários falando do infinito amor de Jesus para com os homens. Rosália estava tão absorvida pela nostalgia, que ouviu muito pouco e entendeu menos ainda. Seus pensamentos estavam confusos e, de vez em quando, alguns resquícios fugidios de lembranças pareciam querer se manifestar. Nomes e fisionomias eram lançados esporadicamente em seu campo mental, com a brevidade de um relâmpago e logo tudo voltava a ser escuro e confuso.

Quando a palestra terminou, alguém tocou suavemente no ombro de Marlene e disse:

— Vamos lá, cuidar da nossa irmãzinha?

Subiram mais um lance de escada e chegaram ao terceiro andar do prédio. Ali tudo estava em penumbras, iluminado apenas por pequeninas lâmpadas ao longo de um extenso corredor que dava acesso a algumas salas.

As duas entraram numa daquelas salas, que também se encontrava mergulhada em penumbras. Em seu interior, oito trabalhadores formavam um círculo, sentados em pequenos tamboretes. No centro do círculo, um tamborete vazio foi ocupado por Marlene.

Rosália não tinha a menor noção do que iria acontecer naquele lugar e estava apreensiva. Nem lhe passou pela cabeça que todo aquele aparato fora montado para atendê-la.

Ozias era o dirigente daquela tarefa, conduzindo a reunião de assistência espiritual a desencarnados em sofrimento, segundo suas próprias palavras. Após fazer uma prece que Rosália não conseguiu ouvir direito, ele se aproximou de Marlene e disse:

— Pois não, minha irmã! Você está entre amigos. Pode me ouvir?

Rosália ficou esperando que Marlene respondesse alguma coisa, mas como a outra permanecesse calada, a desencarnada ficou bastante confusa. Seria possível que aquele homem estivesse se dirigindo a ela?

— Você não quer falar conosco? – perguntou Ozias, num tom de voz calmo, quase sussurrado.

Naquele momento, sem saber exatamente por qual motivo, ocorreu a Rosália o seguinte pensamento:

"Tirando essas dores do meu corpo, até que não me sinto tão mal".

Para sua surpresa, Marlene pigarreou e disse:

— Tirando essas dores do meu corpo, até que não me sinto tão mal.

— Que bom, minha irmã! Já estamos cuidando das suas dores. Podemos saber o que você veio fazer aqui? – perguntou Ozias, animado.

Então Rosália teve a certeza de que estava sendo vista pelo atencioso interlocutor. Pensou numa resposta e Marlene repetiu palavra por palavra o que ela havia "ditado".

— Estou aqui em busca de respostas. Por acaso, vocês podem me ajudar?

Ozias se aproximou um pouco mais, tornou mais brando o seu tom de voz e mais complacente o olhar lançado à desencarnada.

— Bem, minha irmã, nós trabalhamos sob a orientação do nosso irmão maior, Jesus Cristo, e o nosso objetivo é praticar a caridade indistintamente, buscando ajudar os que se encontram em sofrimento. Se for permitido, nós a ajudaremos, sim. Com muita alegria e com muito amor.

Então ele pediu ao grupo que se concentrasse em vibrações de amor e de energias curadoras, e iniciou uma oração comovente, pedindo a Jesus que os ajudassem a socorrer aquele Espírito necessitado de orientação.

Aos poucos, Rosália começou a sentir que uma venda estava sendo retirada dos seus olhos e umas imagens, inicialmente apagadas e depois mais nítidas foram se formando. Ela começou a ouvir sons e teve a sensação de estar sendo transportada para fora daquele ambiente, revivendo cenas e interagindo com pessoas que faziam parte do seu passado.

Uma sucessão de nomes lhe veio à mente, transportando semblantes e expondo-os à sua lembrança. O nome Rosália foi o que lhe provocou um estremecimento maior. Rosália era o seu nome e ela podia ouvir várias vozes chamando-a assim.

Alguns com afetividade e respeito, outros nem tanto... Rosália... Rosália... Rosália...

Ela sorriu levemente ao pensar que o amigo Bertoldo não mais precisaria chamá-la de "Senhora Esquecida". Agora tinha um nome com o qual poderia ser tratada.

Ozias certamente estava vendo o mesmo cenário que a assistida, pois foi narrando todos os detalhes, à medida que os acontecimentos relativos ao passado de Rosália iam se deslanchando: a infância pobre numa cidadezinha do interior, o relacionamento com os familiares, o namoro e o casamento, a mudança para a cidade grande, o nascimento dos filhos... De repente, uma imagem forte fez Rosália estremecer-se, provocando também um súbito estremecimento em Marlene.

— Olhe ali! – disse Ozias, mantendo o suave tom de voz. — Reconhece aquele belo sobrado, minha irmã?

E o sobrado da chácara se formou inteirinho na mente de Rosália.

Capítulo 15

"Os infortúnios da vida são provas impostas por Deus, ou que vós mesmos escolhestes como Espíritos, antes de encarnardes, para expiação das faltas cometidas em outra existência, porque jamais fica impune a infração das leis de Deus e, sobretudo, da lei de justiça."

O Livro dos Espíritos – Pergunta 984

Coisas que o dinheiro compra

A chácara pertencente à família Esteves localizava--se num dos bairros mais sossegados e nobres da capital paulista. Tratava-se de luxuosa propriedade adquirida e remodelada por Mathias, um pouco antes de ele contrair matrimônio com Amanda, moça de descendência italiana, possuidora de um temperamento forte, orgulhoso e bastante caprichoso.

Além da imponente residência assobradada, distribuíam-se na extensa área que a circundava um grande pomar, canteiros de hortaliças, jardins, e um enorme criadouro de carpas, que era a menina dos olhos do proprietário.

Investidor financeiro astuto e bem-sucedido, Mathias era uma espécie de caça-tesouros, do tipo que estava sempre desentocando investimentos que invariavelmente se convertiam em lucros consideráveis. Em consequência disso, era detentor de razoável fortuna a qual se orgulhava em exibir em todas as ocasiões possíveis.

Embora o casal pretendesse ter logo os seus filhos, somente seis anos depois de casados foi que Amanda conseguiu engravidar. Mas para que a gestação se concretizasse, ela precisou se submeter a diversos tratamentos médicos e, ainda assim, a gravidez foi interrompida aos quatro meses, devido a uma forte hemorragia desenvolvida em seu útero.

O médico da família acalmou o casal, dizendo que havia uma grande possibilidade de Amanda voltar a engravidar, pois, ao que tudo indicava o aborto não havia ocorrido por um problema de saúde da mãe, mas movido, possivelmente, por algum acidente doméstico. Embora discordasse da teoria do doutor, pois sabia perfeitamente não ter sofrido nenhum acidente, a esposa do investidor preferiu acreditar que ele tinha razão. Afinal, o desejo de se tornar mãe era praticamente uma obsessão na vida daquela jovem.

Mas os anos foram se passando e quando Amanda se deu conta, já passava dos trinta anos de idade, estava casada há dez anos, submetera-se a novos tratamentos clínicos, tentara por todos os meios, mas tudo fora em vão.

Diante do frustrante insucesso, o casal começou a pensar na possibilidade de adoção. Entretanto, as visitas a diversos orfanatos mostraram-se infrutíferas, pois Amanda não sentia o coração tocado por nenhuma das crianças que lhe eram apresentadas, sentindo mesmo profunda ojeriza por algumas delas.

Com isso, o tempo foi se passando e uma revolta imensa começou a envolver a esposa de Mathias. Seu grande desejo era ter ao menos uma filha e ela chegava a sonhar com a menina que deveria trazer realização à sua vida. Imaginava a criança usando vestidinhos bordados, tranças com fitas coloridas nos cabelos, brincando entre borboletas e colibris, nos canteiros de flores do jardim.

Tais pensamentos faziam-na suspirar pelos cantos da casa, deixando Mathias bastante preocupado, temendo que a esposa adquirisse alguma doença psíquica, em função daquele desejo obsessivo e da decepção que experimentava a cada fluxo menstrual que se apresentava regularmente e a cada visita frustrada que fazia aos orfanatos.

De nada adiantava a vida rica e confortável que possuía, pois nenhum dinheiro do mundo podia realizar o seu sonho de felicidade.

✦ ✦ ✦

Meia dúzia de empregados cuidava da chácara da família Esteves; dentre eles, Arnaldo, que vivia com a esposa Rosália e dois filhos numa pequena casa nos fundos da propriedade. Funcionário de extrema confiança, ele era a pessoa responsável pela manutenção da chácara quando os patrões precisavam se ausentar por motivo de viagem. Algumas delas, inclusive, para a Itália, onde Amanda tinha alguns parentes.

Os filhos do casal de serviçais era um menino chamado Jonas – que estava à época com sete anos – e Juca, um ano mais novo. Embora Rosália também ajudasse nas tarefas cotidianas, o único que recebia remuneração era o chefe da família.

Fora este o acordo feito à época de sua contratação. Os serviços prestados pela mulher ficavam por conta da moradia oferecida a eles.

Ironicamente, enquanto Amanda fazia de tudo para engravidar, Rosália, que tudo fazia para evitar uma terceira gestação, terminou engravidando. O acontecimento causou grande preocupação à família e deixou Arnaldo extremamente revoltado. Na verdade, ele já andava entediado com o casamento e vivia dando umas escapadelas, frequentando ambientes de luxúria e envolvendo-se em aventuras extraconjugais.

À medida que a barriga de Rosália crescia, ela começou a sentir muitos enjoos e mal-estares. Contrariamente à gravidez dos dois primeiros filhos, aquele terceiro quase a matou de dores no decorrer dos nove meses de gestação.

Nesse período, às voltas com tanto sofrimento físico, ela deixou de dedicar ao esposo a atenção que ele exigia, principalmente no que se referia aos momentos de intimidades. Apesar de se tratar de um marido infiel, Arnaldo era um homem muito exigente nesse quesito. Assim, o distanciamento afetivo do casal, em função da complicada gravidez, deixou-o profundamente contrariado e o levou a se dedicar ainda mais aos furtivos e ilícitos encontros.

Na etapa final da gestação, Rosália foi acometida de fortíssimas dores abdominais, que colocaram em risco a vida de mãe e filho. Mas, apesar de todos os problemas, a criança vingou. Nasceu uma menina miúda e pálida, que recebeu o nome de Luzia, homenagem feita à santa de devoção de Rosália, à qual ela havia se apegado muitas vezes, durante as crises, com medo de que a gravidez fosse interrompida.

Tendo a menina uma saúde bastante debilitada, com poucos dias de nascida mãe e filha já iniciavam várias peregrinações aos hospitais públicos, a fim de tratar das enfermidades que se manifestavam em seu frágil corpinho, mantendo Rosália tão distante do marido quanto no período da gestação.

Um dia, Arnaldo pegou os seus pertences e, sem dar satisfação a ninguém, simplesmente foi embora. Foi por meio de fuxicos que Rosália ficou sabendo que seu marido havia partido para rumo ignorado, acompanhado de uma jovem amante. Para uns amigos mais íntimos ele havia admitido estar apaixonado. Disse que estava cansado de ser rejeitado pela própria esposa e que encontrara, nos braços daquela moça, o manancial de afeto com que sempre sonhara.

Restaram para Rosália o abandono, as mágoas e a preocupação de ver jogada sobre os seus ombros a responsabilidade de criar três filhos. Ela passou um tempo amuada, alimentando na alma um crescente desprezo pelo marido infiel. Mas, com o passar dos dias, teve de superar a fragilidade imposta pela mágoa e se concentrou em cuidar do futuro. Afinal, com três bocas para serem sustentadas, não poderia se dar ao luxo de passar o resto da vida chorando pelos cantos.

Capítulo 16

"Assim como há pessoas a quem a sorte em tudo é contrária, outras parecem favorecidas por ela, pois que tudo lhes sai bem. Normalmente é que essas pessoas sabem se conduzir melhor nas suas empresas. Mas também pode ser um gênero de provação."

O Livro dos Espíritos – Pergunta 864

Abandono, penúria e conflito íntimo

Tendo ouvido os rumores de que Arnaldo havia abandonado o ofício, Mathias decidiu fazer uma visita à família, para saber o que realmente estava acontecendo. Foi recebido por Rosália, que confirmou a informação de ter sido abandonada pelo marido. Ela aproveitou a presença do patrão para pedir ajuda, pois tencionava voltar para o interior. Explicou-lhe que em sua terra natal poderia contar com o apoio dos pais para criar os filhos.

— Não sei como fazer para alimentar essas crianças – disse a mulher. — Não há como arranjar emprego, tendo uma filha recém-nascida para criar e mais dois meninos que ainda são tão dependentes. Todo o dinheiro que entrava em nossa casa era fruto do trabalho do meu marido.

O patrão a encarou preocupado. Estava claro que Rosália era uma mulher instruída e responsável, mas na condição delicada em que se encontrava não poderia fazer muita coisa para reverter o quadro, e a casa teria de ser desocupada para que o novo funcionário a ocupasse.

— O que espera que eu faça? – perguntou ele secamente, mostrando-se aborrecido com tudo aquilo.

— Se o senhor ao menos puder pagar as nossas passagens de ônibus e dar algum dinheiro para a gente se alimentar durante a viagem...

— Está bem. Vou ver o que posso fazer – disse Mathias, mostrando clara indiferença à situação da família. — A senhora tem certeza de que o Arnaldo não vai mesmo voltar?

— Tenho sim, senhor! Até porque, se ele quiser voltar um dia, quem não vai aceitar sou eu. Posso ser uma mulher pobre, mas tenho os meus valores e nunca vou tolerar uma traição covarde dessas.

O investidor não esboçou nenhuma reação ao comentário de Rosália. Saiu dali muito mais preocupado em providenciar a contratação de outro caseiro. E foi pensando nisso que retornou para casa.

✦ ✦ ✦

Ao tomar conhecimento do ocorrido, Amanda se mostrou bastante curiosa. Ela mal conhecia a mulher do Arnaldo, mas resolveu fazer uma visita, levando alguns gêneros alimentícios para doar à família. Precisava ver de perto o que realmente estava acontecendo na residência dos caseiros.

O cenário com que se deparou deixou-a assustada. Os meninos, demonstrando clara indiferença a respeito do abandono sofrido, faziam uma tremenda algazarra, brincando de gladiadores, confrontando-se com espadas improvisadas com pedaços de pau, pulando sobre os poucos e maltratados móveis da casa, e emitindo gritos ensurdecedores. Na verdade, eles não gostavam muito do pai que, além de ausente, tratava-os com muita rispidez e costumava surrá-los por qualquer travessura infantil que fizessem. Por isso, não se abalaram quando souberam que Arnaldo os havia abandonado.

Rosália tentava acalmar a recém-nascida, que chorava descontroladamente, negando-se a aceitar a mamadeira que ela tentava enfiar quase à força em sua pequenina boca. A presença da patroa não intimidou os garotos, que continuaram com sua agressiva brincadeira.

A casa estava toda desarrumada, suja e malcheirosa. Ao ver Amanda estacada à porta, Rosália levou um susto e ficou sem saber o que fazer. Ao mesmo tempo em que tencionava recebê-la, precisava dar atenção à Luzia, que estava ficando até roxa de tanto gritar.

Instintivamente, a mulher do investidor a socorreu. Tomou a criança no colo e, como num passe de mágica, Luzia se acalmou. Para que os meninos parassem com aquela barulheira infernal, a mãe os expulsou a tapas para o quintal, onde os dois se engalfinharam em frenética contenda.

Quando finalmente o ambiente ficou em ordem, Amanda perguntou:

— Por que a bebê estava chorando tanto? Ela não quer mamar?

Rosália abriu os braços, num gesto de desconsolo.

— Acho que ela não gosta de caldo de arroz.

— Caldo de arroz? – perguntou Amanda fazendo uma careta. — Isso deve ser horrível. Por que você não dá leite a ela?

A mãe fez um muxoxo constrangido e respondeu com outra pergunta:

— E onde eu vou arrumar leite, dona Amanda? Os meus peitos secaram. Há uma semana não sai nada deles, e eu não tenho dinheiro para comprar no mercado...

Amanda sentiu repugnância diante de tanta miséria. Olhou para toda aquela desordem na casa e depois, forçando um sorriso para a pequenina em seu colo, perguntou:

— Como é o nome dela?

— É Luzia! O mesmo nome da minha santinha protetora – respondeu Rosália, com um sorriso melancólico.

Amanda explicou que estava ali para informar que Mathias decidira ajudar. Disse que ele havia concordado em pagar as passagens para que Rosália e as crianças fossem embora para o interior.

— Deus há de lhes pagar! – exclamou Rosália, tentando emprestar alguma emoção à voz.

Amanda, que continuava com Luzia no colo, percebeu que o corpinho da menina estava totalmente coberto por feridas purulentas.

— O que é isto? – perguntou intrigada.

— O médico disse que é impetigo e até já receitou um remédio.

— Você está dando o medicamento a ela?

Rosália voltou a se constranger.

— Ainda não. Estou dependendo de arrumar dinheiro para comprar. O maldito Arnaldo levou tudo o que tinha em casa. A senhora acredita que aquele pilantra não deixou nem uma moedinha?

Amanda encarou-a com um olhar de reprovação.

— E você pretende viajar com esta menina, mesmo nessas condições?

— Eu não tenho saída, dona Amanda! Preciso voltar para a minha terra o mais rápido possível. Meus pais estão me aguardando. Não dá para esperar a menina sarar...

Naquele momento, uma ideia eclodiu na mente de Amanda e foi numa atitude automática que ela sugeriu:

— E se você deixar a Luzia, para que eu e meu marido cuidemos dela?

Rosália foi pega de surpresa por aquela proposta e sentiu um tremor nas pernas. Encarou a patroa com desconfiança e respondeu rapidamente:

— Não! Eu não quero dar a minha filha para ninguém. Ela é minha...

Amanda aproximou, abrandou o tom de voz e disse:

— Acalme-se, Rosália! Eu não estou pedindo para ficar com ela em definitivo. Estou propondo cuidar da menina somente até que ela se cure. Depois, quando estiver curada, nós a devolvemos a você.

Rosália aproximou-se de Amanda; secou as mãos no vestido e pegou Luzia de volta.

— Acho que não é necessário. Agradeço muito pela ajuda que estão me dando, mas eu só preciso do dinheiro para ir embora daqui.

— Pense bem! – insistiu Amanda, com voz ameaçadora. — Uma doença grave, numa criança tão novinha, se não for bem tratada, pode até matar. Você não quer que a sua filha morra, não é? Maltrato também é crime...

Um arrepio percorreu o corpo de Rosália. Ela bateu três vezes na mesa com as dobras dos dedos:

— Deus me livre e guarde! Nem me diga uma coisa dessas, dona Amanda!

— Então pense bem sobre a proposta que lhe fiz – arrematou a mulher do patrão, enquanto deixava a casa. — Se mudar de ideia, é só falar.

Amanda voltou ao sobrado com muita vontade de ficar com Luzia. Tivera uma sensação agradável ao pegar a menina no colo e mil ideias começavam a fervilhar em sua cabeça.

Depois que ela se foi, Rosália ficou com o coração apertado. Na verdade, deparava-se com uma situação bem conflitante; se, por um lado, o instinto materno lhe dizia para não entregar a menina, uma voz interior convidava-a à reflexão. Estaria sendo egoísta a ponto de colocar em risco a vida da própria filha? Não seria melhor abrir mão da sua companhia por algum tempo e evitar que algo mais grave pudesse acontecer?

E foi em meio a essas dúvidas que ela passou o dia, ansiosa para que o dinheiro chegasse logo às suas mãos. Pressentia que o assédio para entregar a filha não havia terminado ali e temia não resistir à insistência dos patrões que, bem ou mal, estavam lhe prestando um favor.

Capítulo 17

"O número dos desafortunados é muito superior ao dos felizes deste mundo, atento que os Espíritos, na sua maioria, procuram as provas que lhes sejam mais proveitosas. Eles veem perfeitamente bem a futilidade das vossas grandezas e gozos. Acresce que a mais ditosa existência é sempre agitada, sempre perturbada, quando mais não seja, pela ausência da dor."

O Livro dos Espíritos – pergunta 864

Coisas que o dinheiro não compra

Naquela noite, conversando com Mathias, Amanda expôs com exagero de dramaticidade a situação caótica que encontrara na casa dos empregados, deixando claro que estava decidida a lutar até o fim para conseguir ficar, ainda que temporariamente, com a pequena Luzia. Depois daria um jeito de tomar posse definitiva da criança.

— Você precisa ver que absurdo, Mathias! – exclamou ela. — A menina com o corpo todo coberto por feridas, e aquela desmiolada pensando em levá-la para uma longa viagem àquele fim de mundo. Essa criança vai acabar morrendo no caminho! Isso se não morrer antes, de desnutrição, pois nem leite para preparar a mamadeira existe naquela casa.

Mathias avaliou a questão com calma.

— O que acha que podemos fazer?

— Ajudar, ora bolas!

— Mas, você já não ofereceu ajuda?

— Claro que sim! Disse a ela que deixasse a menina conosco. Mas a Rosália não aceitou. Parece que está com medo que eu lhe roube a filha.

— Bom, é um direito dela – ponderou o investidor.

O comportamento do marido irritou Amanda.

— Direito? Você acha direito uma mãe submeter uma criança recém-nascida a um risco tão grande, só para não se desgrudar dela? E se a menina morrer? Você continuará achando justo?

Diante da reação irritadiça da esposa, Mathias tentou pacificar o clima. Ele fazia de tudo para não entrar em litígio com ela, pois sabia o quanto Amanda se tornava agressiva quando contrariada.

— Eu não estou contra você, meu amor! O que eu quis dizer é que, estando ou não em condições de cuidar, Rosália é a mãe biológica da menina. A maternidade é um direito sagrado...

Amanda mudou de tática. Aproximou-se do marido, abraçou-o e passou a usar um tom de voz suplicante.

— Por favor, meu querido! Ajude-me a resolver isto. Eu tenho certeza de que, se aquela menina, nas condições em que se encontra, for levada para essa viagem, irá morrer. Mas nós podemos salvá-la... Ajude-me a convencer Rosália a deixá-la conosco. Se acontecer algo de ruim à Luzia, eu não vou me perdoar nunca!

Mathias conhecia bem a esposa e sabia que ela não desistiria tão fácil. Entre namoro, noivado e casamento, estavam juntos há mais de vinte anos. Desde o início da relação, o forte temperamento de Amanda sobressaiu em praticamente todas as decisões tomadas pelo casal. Quando ela não conseguia atingir os seus intentos pela imposição, fazia-o utilizando o subterfúgio da chantagem emocional.

Embora fosse um homem bastante ativo em sua vida profissional, o investidor sempre se deixava levar pelas artimanhas da esposa. Ele se sentia demasiadamente preso àquela relação e, à semelhança de um pai superprotetor, era capaz de fazer qualquer coisa para vê-la feliz.

✦ ✦ ✦

Foi pensando em realizar o capricho de Amanda que o patrão voltou à casa de Rosália, no dia seguinte, bem cedo. Lá chegando, surpreendeu-a às voltas com a tal mamadeira de caldo de arroz, tentando amamentar a filha, que fazia caretas e esperneava, chorando muito. Rosália estava de cócoras, enquanto Luzia encontrava-se acomodada sobre uma banqueta, dentro de um cesto de taquara coberto com uns panos encardidos.

— Bom dia, dona Rosália! – cumprimentou ele à soleira da porta, já que a mulher ainda não havia notado a sua presença.

Ela se levantou abruptamente, enquanto alisava o saiote amarrotado e passava as mãos nos cabelos desalinhados. O investidor notou que seus olhos estavam marcados por profundas olheiras, mostrando que havia passado a noite em claro.

— Bom dia, senhor Mathias! Entre, por favor!

Ele entrou. Precisava conversar calmamente. Rosália puxou uma cadeira, tirou de cima dela uns brinquedos quebrados e umas roupas amarfanhadas e sujas que as crianças haviam largado ali.

— O senhor pode sentar aqui. Só não repare a bagunça. Sabe como é... Casa que tem criança...

Ele forçou um sorriso e abanou a cabeça como a dizer: "Não estou nem um pouco preocupado com isto".

— Onde estão os meninos? – perguntou, apenas para se certificar de que não seria interrompido.

— Ah, os dois estão dormindo. Eles acordam bem mais tarde. Depois que o Arnaldo foi embora, não quiseram mais voltar para a escola e eu também não fiz questão. Daqui a pouco já vamos embora mesmo...

— Muito bem – disse o patrão, pigarreando. — Vim aqui para cumprir o prometido. Trouxe o dinheiro das passagens com alguma sobra para a senhora e os seus filhos se alimentarem durante a viagem.

Tirou do bolso algumas notas e depositou sobre a mesa. Rosália lançou para ele um olhar de gratidão e estendeu o braço para pegar o dinheiro. Porém Mathias a conteve, segurando-a pelo pulso.

— Um momento, dona Rosália! Eu ainda não terminei.

Então ele enfiou a mão numa sacola que trazia a tiracolo e retirou de lá um grosso maço de dinheiro, depositando-o ao lado das poucas notas que estavam sobre a mesa. Quando

Rosália olhou para aquele montante, sentiu o coração acelerar. Ela nunca tinha visto tanto dinheiro junto. Olhou interrogativamente para o investidor e esperou que ele explicasse o que aquilo representava, muito embora, no fundo, já soubesse o que lhe seria proposto.

— A senhora tem duas opções, dona Rosália: pode levar apenas o dinheiro da passagem ou esta pequena fortuna, com a qual poderá começar uma nova vida. Mas, se aceitar a quantia maior de dinheiro, haverá uma condição.

Rosália o encarou muito séria.

— Condição? Que condição, senhor Mathias? – fingiu-se de desentendida.

— Bem... Amanda me disse que a sua filha está muito doente...

— Não é tão grave. O médico disse que é só dar o remédio direitinho...

Ele a interrompeu.

— A condição, dona Rosália, é que a senhora deixe a minha esposa cuidar da sua filha.

— Mas...

— Ouça-me, por favor! – pediu, com voz firme e persuasiva. — A senhora já tem dois filhos com que se preocupar. Estou lhe dando dinheiro suficiente para conquistar a sua independência financeira. Além disso, sua filha terá uma vida muito mais confortável conosco. Somos ricos e poderemos oferecer a ela um futuro digno.

— Mas, senhor Mathias... – ela estava quase chorando.

— Por favor, dona Rosália, deixe-me terminar! Veja as vantagens que lhe ofereço: sem a menina e com este dinheiro, as coisas vão ficar bem mais fáceis para a senhora, que terá de tomar tantas decisões importantes daqui para frente. Estando a menina conosco, será uma preocupação a menos...

Enquanto ele falava, Rosália ficou olhando para a filhinha e não conseguiu mais conter o pranto. Estava prestes a tomar uma decisão muito difícil. Seu coração dizia para não aceitar aquela proposta, para resistir à tentação, mas havia um lado calculista que dizia o contrário.

Certamente aquela era a sua única oportunidade de resolver de vez os seus problemas financeiros, de não ter mais que se preocupar com as misérias materiais que rondavam a sua vida e dos filhos. Estava indo viver com os pais pobres e não queria representar um peso a mais na vida deles.

Além disso, ser adotada por um casal que tanto a desejava, e que tinha tanto para oferecer em termos de comodidade, seria uma oportunidade única também para a Luzia. Que tipo de futuro a menina teria vivendo em meio à pobreza? Totalmente desprovida de recursos?

Os minutos seguintes foram tensos e expectantes. Um silêncio absurdo tomou conta do ambiente e apenas os soluços de Rosália podiam ser ouvidos. Mathias estava impaciente diante daquela cena. A necessidade de realizar o desejo da esposa falava mais alto do que qualquer gesto de sentimentalismo.

De repente, numa ação quase automática, Rosália estendeu os braços na direção do investidor e lhe entregou a filha. Os olhos dela estavam inundados de lágrimas e seu coração parecia ter se fragmentado em mil pedaços.

Sem dizer uma palavra, o homem acolheu a criança em seu colo e, deixando todo o dinheiro sobre a mesa, saiu apressadamente, como se temesse uma reviravolta naquela história. Enquanto Mathias se distanciava, ouvia o choro de desespero que Rosália, por mais que tentasse, não conseguia conter.

Por um milésimo de segundo, ele teve vontade de voltar, devolver a menina à mãe e dizer-lhe que desaparecesse com os três filhos e com aquele dinheiro que não lhe faria falta. Mas, ao pensar na irritação que tal atitude provocaria em Amanda, desistiu da ideia e partiu quase correndo em direção ao sobrado. Seguia apressado, com a impressão de estar sendo seguido por um exército de demônios que, entre risadas e impropérios, tentasse detê-lo.

✦ ✦ ✦

Aquele foi um dia bastante agitado no lar dos Esteves. Ao ver o marido chegar com Luzia no colo, Amanda levou as duas mãos à boca e arregalou os olhos, numa atitude tão infantil que sugeria até certo desequilíbrio das faculdades mentais.

Correu para junto do esposo, acolheu a menina nos braços e começou a rir enquanto dava pulinhos e ficava repetindo pateticamente:

— Eu sabia! Eu sabia! Eu sabia...

Mathias ficou espantado com o comportamento da esposa. Ele sabia o quanto ela desejava aquela criança, mas não esperava uma reação tão estranha e surpreendente. De qualquer modo, preferiu ficar em silêncio.

Assim que conseguiu se controlar um pouco, Amanda disse entre risos:

— Meu amor, eu preciso que você não vá trabalhar hoje. Precisamos levar esta menina ao médico e fazer muitas compras para ela. Quero montar o quartinho dela com o que houver de melhor...

— Mas... Querida...

Mathias queria chamá-la à razão, lembrar que não havia necessidade de fazer as coisas com tanta urgência. Mas a mulher simplesmente não lhe deu ouvidos.

— Vamos! Vamos, meu amor! Vou providenciar um banho para ela. Vou preparar a mamadeira e depois vamos levá-la ao médico...

Amanda dizia as coisas atropeladamente, deixando claro que não estava raciocinando direito. Mathias, apesar da triste cena presenciada na casa dos ex-empregados, estava contente por ver sua esposa tão animada.

Uma hora depois, saíam de carro levando Luzia para o consultório de um médico amigo da família. Começava ali a vida de luxo e de conforto que haviam prometido à pequenina que nascera em lar tão decadente.

✦ ✦ ✦

Foi com o coração partido que Rosália embarcou com os dois filhos, naquele mesmo dia, para sua terra natal, que ficava a mais de mil quilômetros dali. Seria uma longa e cansativa viagem de ônibus.

Entusiasmados, os dois meninos não paravam um segundo sequer, enquanto o veículo deixava o terminal rodoviário. Trocavam tapas, contavam anedotas e riam o tempo todo. Quando viu a mãe chorando, Juca perguntou:

— Mãe, cadê a Luzia?

Ela respondeu com um fio de voz:

— Ficou internada no hospital.

— Ah! E a senhora está triste por causa disso?

Rosália balançou a cabeça, confirmando.

— Mas por que ela não veio com a gente? – perguntou Jonas, com um olhar meio desconfiado.

E, antes que a mãe respondesse, o irmão se antecipou:

— Porque a nossa irmãzinha está muito doente, seu bobo! Por acaso você não viu aquele monte de pereba no corpinho dela?

A resposta do Jonas, que não gostou de ser chamado de bobo, foi um tabefe na orelha do Juca, que revidou com um chute na canela do mais velho. Agressões recíprocas voltaram a ser trocadas, exigindo a intervenção da mãe.

— Parem com isso, vocês dois!

Quando finalmente as crianças sossegaram, o caçula segurou as mãos de Rosália.

— Mãe, não fica triste, não. A Luzia é muito chorona e ia dar muito trabalho na viagem.

Ela quis brigar com ele, mas estava desolada demais para isso. Virou o rosto e ficou olhando as ruas por onde o ônibus transitava, distanciando-se cada vez mais da cidade e, consequentemente, aumentando a distância entre ela e a filha.

✦ ✦ ✦

Alguns dias depois, Rosália já estava devidamente instalada na casa dos pais, na pequena cidade do interior, na distante região em que havia nascido. Seu retorno foi comemorado com certa alegria pelos genitores, muito embora o fato de ter sido abandonada pelo marido houvesse deixado os velhos bem contrariados.

Perguntada sobre a filha recém-nascida, sobre a qual havia comentado em cartas enviadas anteriormente, Rosália disse que a menina estava muito doente e que havia ficado internada num hospital. Ressaltou ainda que, assim que Luzia melhorasse e recebesse alta, ela seria avisada e voltaria a São Paulo para buscá-la.

Vendo a tristeza no semblante da filha, os pais, julgando tratar-se de sofrimento imposto pela forçada separação, foram solidários e trataram de confortá-la, incentivando-a a enxergar o futuro com um olhar mais otimista.

Eles não faziam a menor ideia de que o que consumia a alma de Rosália era o sentimento de culpa que começava a incomodá-la. O dinheiro que recebera poderia oferecer uma vida materialmente mais confortável, mas não seria capaz de aliviar o peso que recaía aos poucos sobre a sua consciência. A culpa começava a enrodilhá-la lentamente em seu intricado labirinto.

Capítulo 18

"Os sofrimentos dos Espíritos inferiores são tão variados como as causas que os determinam e proporcionados ao grau de inferioridade, como os gozos o são ao de superioridade. Podem resumir-se assim: Invejarem o que lhes falta para ser felizes e não obterem; verem a felicidade e não poderem alcançá-la; pesar, ciúme, raiva, desespero, motivados pelo que os impede de ser ditosos; remorsos, ansiedade moral indefinível. Desejam todos os gozos e não podem satisfazer: eis o que os tortura."

O Livro dos Espíritos – Pergunta 970

O chicote de verdade

Todas aquelas cenas foram mostradas à Rosália num curtíssimo espaço de tempo, mas foi o suficiente para que uma intensa onda, misto de remorso e de ódio, a tomasse inteiramente. Provocando-lhe grande revolta interior.

— Malditos! Malditos! – começou a gritar em pensamento, fazendo com que suas palavras fossem repetidas por Marlene com a mesma contundência com que ela as proferia mentalmente. — Aqueles dois malditos tiraram a minha filhinha de mim. Mil vezes malditos!

Ozias ergueu a mão direita sobre a fronte de Marlene com o objetivo de projetar fluidos calmantes sobre o campo mental de Rosália, para tentar contê-la.

— Calma, minha irmã! Calma! Esta raiva não vai ajudar em nada. Procure relaxar um pouco; pense em Jesus...

— Jesus? E onde este tal Jesus estava quando deixou que arrancassem de mim a minha filhinha querida? – retrucou a desencarnada.

— Ele estava do seu lado e sofreu tanto quanto você.

— Não acredito! Fui vítima de uma grande injustiça e ninguém me defendeu.

— Desculpe-me, minha irmã, mas, na verdade, você fez uso do seu livre-arbítrio. Sua filha não foi tomada de você à força; ela foi comprada. Errou quem lhe ofereceu o dinheiro, mas você aceitou o acordo porque quis.

Ela silenciou por um instante, como se estudasse uma resposta convincente. Depois respondeu com rispidez:

— Eu não tive escolha!

— Desculpe-me mais uma vez, mas você tinha escolha, sim – disse Ozias, sem perder a serenidade, mas deixando claro que de alguma forma recebia todas as informações sobre a ocorrência que envolvera a assistida.

Essas dolorosas verdades, embora ditas num tom de voz calmo e carregado de amor fraterno, doeram mais fortemente em Rosália do que as chibatadas que ela havia recebido naquela noite no templo. Sua reação foi de raiva. Começou a fazer um esforço sobre-humano para se desprender de Marlene. Queria sair dali, desaparecer de uma vez por todas daquele lugar.

Percebendo sua inquietação, Ozias procurou acalmá-la.

— Calma, minha irmã! Desculpe ter de lhe dizer essas verdades, mas às vezes a realidade nos incomoda mesmo. Não é um privilégio seu. Todos nós, encarnados e desencarnados, possuímos as nossas mazelas, as nossas dívidas morais...

— Eu não acredito! Você está dizendo isto só para me acalmar... – sussurrou Rosália, pela voz de Marlene.

— Ninguém aqui é santo, minha irmã! Quem dera fôssemos perfeitos! Somos trabalhadores abnegados, tentando corrigir os nossos erros, mas todos nós temos contas a ajustar com a nossa consciência, sim! E pedimos a Deus em nossas preces que tenha piedade de nós; que nos perdoe e não nos deixe cair em novas tentações.

Marlene começou a se debater, sob a ação de Rosália que parecia um bicho enjaulado.

— Bem que me disseram para não vir aqui. Vocês não me chamaram de demônio, não me chicotearam, mas me mostraram coisas que eu não queria ver e que doeram muito mais do que uma surra de chicote...

— Sinto muito, minha irmã! Mas chega uma hora em que é preciso encarar a realidade...

— Soltem-me! – ela gritou mentalmente, fazendo com que Marlene repetisse o protesto. — Desamarrem minhas mãos. Eu quero ir embora daqui agora!

— Mas você não está amarrada! Está ligada ao corpo de uma médium apenas pelos laços mentais. É por meio dela que você está se comunicando conosco.

— Então eu posso ir embora?

— Pode. Mas pense bem se é isto mesmo que deseja. Não prefere receber cuidados para estas feridas? Há aqui equipes de boa vontade que cuidarão de você, que lhe conduzirão para assistência...

— Não quero nada a não ser ir embora daqui!

— Está bem! Neste caso, vá com Deus, minha irmã! Nós não podemos obrigá-la a fazer o que não quer. Quando mudar de ideia, já sabe onde nos encontrar.

Naquele instante Rosália sentiu-se liberta e se afastou de Marlene, que precisou ser atendida pelo dirigente da reunião, pois não estava se sentindo bem.

As dores insuportáveis voltaram a castigar a desencarnada. Ela olhou à sua volta e viu diversas criaturas também em sofrimento. Muitas estavam deformadas; choravam, esbravejavam, debatiam-se; algumas vomitavam e se contorciam desesperadas. A diferença era que, em vez dos guardiões com chicotes em punho a expulsá-los, ela via trabalhadores à semelhança de enfermeiros cuidando daqueles infelizes, limpando-os, amparando-os, tentando confortá-los e aliviar as suas dores. Muitos eram acomodados em macas hospitalares e conduzidos por estreitas veredas semi-iluminadas que se destacavam no ambiente escuro que os circundavam.

Os sofrimentos que aquelas entidades experimentavam ali não eram frutos de uma agressão externa, imposta por terceiros, mas originavam-se internamente, a partir da conscientização de suas falhas e do despreparo para encará-las como um aprendizado e para concederem a si mesmos o "perdão aos criminosos" que Jesus apregoou em sua doutrina de amor. Quando falou sobre a caridade para com os criminosos, o Mestre estava falando também sobre o autoperdão, pois sabia que o crime – em maior ou menor grau – é uma característica comum dos habitantes de um planeta de expiações e provas como a Terra.

Mas, ignorantes das leis de amor e caridade, e acreditando piamente no dogma milenar do fogo do inferno e das punições eternas como castigo aos pecadores, aqueles Espíritos, após se conscientizarem de seus deslizes morais, viam-se à beira do temido precipício de chamas e enxofre, nas profundezas do qual deveriam arder por todo o sempre, sem a menor compaixão do Deus de amor e bondade que os criou.

Era para eles praticamente impossível aceitar a ideia de que trabalhadores do bem ali se encontrassem com o objetivo de resgatá-los, quando esperavam e temiam a presença de criaturas malignas que os conduzissem às furnas abissais do inferno para a purgação interminável de suas faltas.

✦ ✦ ✦

Rosália saiu o mais rápido que pôde e seguiu cambaleando pelo longo corredor. Desceu as escadarias, ganhou a rua e, sem saber para onde ir, deitou-se na calçada em frente à casa fraterna, onde ficou imóvel, encolhida em posição fetal, esperando que alguma coisa acontecesse.

Todas as cenas projetadas em sua mente ficavam se repetindo e estavam deixando-a ensandecida. Lembrou-se das palavras de Bertoldo advertindo-a de que algumas lembranças são espinhos dolorosos; feridas profundas que, uma vez abertas, não mais se cicatrizam.

E foi só pensar no amigo que ouviu a voz dele ali ao seu lado, estendendo a mão para ajudá-la a se erguer. Bertoldo se aproximou com cautela, mostrando que já estava preparado para acolhê-la naquele delicado momento.

— E então, senhora Esquecida, não gostou do que viu e ouviu?

Rosália se ergueu com dificuldade e, apoiando-se no ombro do companheiro, sussurrou:

— Por favor, Bertoldo, tire-me daqui!

E erguendo um pouco mais o tom de voz:

— E pare de me chamar de Esquecida... Infelizmente, lembrei-me de quem sou.

O homem forçou um sorriso.

— Bem, pelo menos temos uma boa notícia. Uma florzinha em meio aos pontiagudos espinhos?...

Ela o interrompeu, desanimada:

— Meu nome é Rosália. Mas, apesar de sugerir, não tem nada a ver com flores, meu amigo! Os espinhos que me ferem são bem mais dolorosos do que eu poderia supor.

Bertoldo olhou-a compadecido sem nada dizer. Sabia por experiência própria que nada do que dissesse naquele momento seria suficientemente confortador.

As duas figuras invisíveis seguiram tropegamente pelas ruas da cidade. Iriam se juntar ao Duílio que, como sempre, dormia bêbado sob a rústica barraca improvisada na pequena praça.

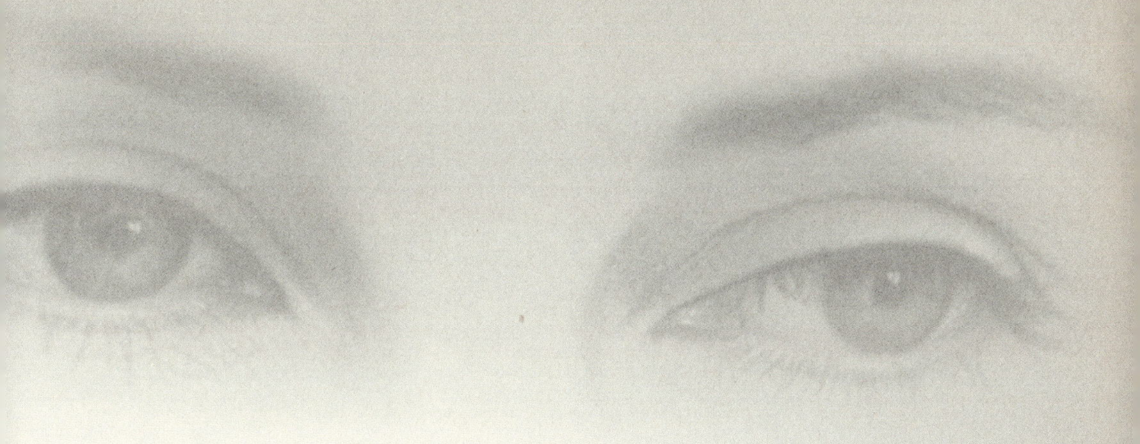

Capítulo 19

"Todos os Espíritos são de uma mesma essência, e todos os corpos são modelados com igual massa; vossos títulos e vossos nomes não os mudam em nada; ficam no túmulo, e não são eles que dão a felicidade prometida aos eleitos; a caridade e a humildade são seus títulos de nobreza."

O Evangelho segundo o Espiritismo – Capítulo7 – item 11

A esquina do consolo

Já em sua residência, depois de demorado banho, Marlene mirou-se no espelho e quase não se reconheceu no semblante pesaroso que ali se apresentou. Parecia que as marcas de sofrimento da mulher que por seu intermédio recebera assistência na Casa Fraterna estavam expostas em sua própria fisionomia.

Ela sabia bem como ocorre esse tipo de manifestação; tinha consciência da sua condição de médium de incorporação[2], pois era profunda estudiosa dos livros de Allan Kardec, além de ter lido também todos os livros do Espírito André Luiz, psicografados pelo médium mineiro Chico Xavier, entre outras obras esclarecedoras que versam sobre mediunidade.

Havia feito vários cursos sobre espiritismo e, contudo, não conseguia deixar de se ver enleada nos dolorosos senti-

---

2 Médiuns de incorporação ou psicofônicos são os que foram intitulados por Allan Kardec em *O Livro dos Médiuns* de médiuns falantes. "Ao servir-se deles, os Espíritos agem sobre os órgãos vocais, como agem sobre as mãos nos médiuns escreventes" – LM Cap. 14 item 166.

mentos de tristeza e revolta que invariavelmente demarcam as reuniões de atendimento espiritual às entidades sofredoras. As misérias alheias a afetavam profundamente.

O relógio pendurado na parede da sala marcava 23 horas quando Marlene retornara das tarefas. A casa onde vivia solitariamente encontrava-se fria e silenciosa. Normalmente ela chegava um pouco antes, mas, naquela noite, devido à contagiante manifestação de Rosália, as considerações finais após a reunião de assistência haviam se prolongado um pouco mais.

Os médiuns que participaram da sessão tinham observações e perguntas a fazer ao dirigente, pois todos estavam impressionados com o que sentiram.

Ozias, sempre paciente e atencioso, respondeu aos questionamentos, explicando que o sofrimento daquela mulher era provocado por um forte sentimento de remorso por ter, provavelmente, vendido a filhinha recém-nascida para um rico casal que não podia gerar seus próprios herdeiros.

Por algum motivo, a conscientização de que cometera um grave erro fez com que ela se negasse o autoperdão e preferisse fugir, em vez de encarar a dolorosa realidade.

— Pelo menos ela vendeu. Seria pior, se tivesse matado a criança. O senhor não acha? – observou uma das médiuns.

— Muitas vezes, não é a gravidade do erro praticado que determina o grau de sofrimento imposto ao Espírito arrependido – explicou Ozias. — Porém, a maneira como a sua consciência vai expor e cobrar a dívida contraída. É claro que o assassinato pode ser considerado um crime mais grave do que a venda de uma criança, mas se o assassino não tiver consciência da gravidade do que fez, não vai se sentir tão culpado quanto aquele que vendeu o filho e que se arrependeu verdadeiramente de sua atitude, reconhecendo-a como algo imperdoável.

— Mas o fato de fugir do enfrentamento não é uma ação covarde? – perguntou outro trabalhador.

— Sim. Mas se levarmos em conta a limitada evolução moral dos habitantes de um planeta de provações, em que o egoísmo e a falta de bom senso são tão predominantes, entenderemos que o caminho da retificação passa pelo medo do enfrentamento. A covardia moral é apenas mais uma das muitas características negativas do Espírito pouco evoluído. É como uma criança que, mesmo pega em flagrante, tenta negar a travessura cometida. Mais tarde, passado o susto inicial e sem ter como negar o malfeito, acaba admitindo-o e pedindo desculpas aos pais. Quando o castigo lhe é imposto, a criança o aceita com resignação, pois está ciente de ter errado e merecido a punição que, muitas vezes, é até menos grave do que ela esperava.

— Então o senhor acha que ela vai acabar voltando aqui e admitindo que cometeu os seus erros?

— Não sei se voltará aqui ou se vai procurar outro tipo de ajuda. Mas, com certeza, quando as coisas se assentarem em sua mente, ela vai conseguir encarar os seus fantasmas. Não há outro caminho para o homem a não ser aquele que nos leva a encarar os nossos erros, a nos conceder o autoperdão e a nos esforçar para repará-los sem afetações infecundas. Não importa quanto tempo demore; todos nós, Espíritos imperfeitos, um dia chegaremos à perfeição e colheremos os bons frutos semeados ao longo da nossa caminhada.

Uma prece de agradecimento pelas tarefas realizadas naquela noite encerrou a reunião e o grupo se despediu fraternalmente como sempre fazia, seguindo cada qual para o seu lar.

✦ ✦ ✦

Na volta para casa, Marlene ficara refletindo sobre tudo aquilo e não conseguiu deixar de pensar também em sua história. Filha única de pais ricos, criada num lar onde se esbanjava conforto material, ela se sentia um peixe fora d'água naquele ambiente. Por força da posição social, tentara, por uma questão de obediência, seguir os passos da mãe dominadora e arrogante, mas algo mais forte em sua natureza renegava tudo aquilo, provocando uma atitude adversa que era encarada pelos pais como afronta e rebeldia. Naturalmente, isso a colocava sempre em maus lençóis no ambiente familiar.

— Como é ingrata essa menina! – gritavam os pais, à menor contrariedade que ela lhes provocasse, ainda que involuntariamente.

O pai era uma ausência afetiva constante; um homem que dedicava a vida a amontoar fortunas, sempre em busca de rentáveis empreendimentos que lhe engordassem a conta bancária. Dotado de um pragmatismo a toda prova, acreditava que todos os problemas do mundo podiam ser resolvidos com dinheiro. "Todo mundo tem o seu preço", repetia entre gargalhadas, contando histórias de subornos e falcatruas, das quais sempre saía lucrando.

A mãe era extremamente autoritária e preconceituosa, sempre procurando nas pessoas razões para críticas e comentários maledicentes. A relação entre Marlene e os pais, que já era complicadíssima, tornou-se insuportável depois que a jovem, contrapondo-se à exigência deles, decidiu se casar com o homem que seu coração escolhera: filho de uma empregada doméstica que, na adolescência, vivera naquela suntuosa residência e que conquistara definitivamente o sensível e romântico coração da menina.

As suspeitas do namorico fizeram com que a serviçal e seu filho fossem escorraçados dali, mas não impediu que os sinceros sentimentos dos jovens os mantivessem unidos e esperançosos. O tempo tratou de confirmar as suas posições e, quando ela alcançou a maioridade, nada conseguiu demovê-los da decisão programada.

Tarcísio era, além de elegante, um rapaz que reunia muitos valores morais, mas possuía um "defeito" que os ambiciosos e orgulhosos pais de Marlene julgavam inaceitável: a origem humilde de quem nasceu e cresceu em extrema pobreza.

A persistência da filha em levar o casamento adiante resultou no rompimento definitivo com os pais.

— Já que insiste em ser uma filha ingrata e desnaturada, vá com as roupas do corpo. Case-se com aquele molambento e vá passar fome na favela, bem longe de nós. Nunca mais ponha os pés nesta casa!

Foram essas as últimas palavras que a mãe lhe dirigiu num rompante de ódio, antes de fechar a porta às costas da filha que, apesar do delicado momento, sentia-se mais aliviada do que triste.

Marlene e Tarcísio foram viver numa das pequenas cidades que circundam a metrópole paulistana, onde o custo de vida era mais acessível do que na capital. O rapaz exercia modesta função no setor administrativo de um aeroporto e Marlene, aprovada em concurso público, passou a lecionar num colégio estadual, já que possuía formação na área pedagógica.

Ao lado do esposo, a jovem descobriu as alegrias angariadas nas coisas simples da vida, nos passeios de mãos dadas pelos parques, nas sessões de cinema nos sábados à noite, e até mesmo no fato de poder arcar com suas próprias despesas, produzindo com o seu ofício os frutos necessários à sobrevivência, sem precisar se submeter aos caprichos de quem lhe sustentava.

A concepção de filhos foi estrategicamente adiada, já que os planos do casal era preparar-se financeiramente para recebê-los. Eram jovens e acreditavam ter muito tempo pela frente. Assim, a primeira preocupação foi adquirir a casa própria, onde planejavam viver por muitos anos. Aquela casinha simples e bonita, onde Marlene ainda morava.

No entanto, aquelas alegrias não duraram muito tempo. Um dia, Tarcísio começou a se queixar de incômoda e persistente dor no tórax, que foi inicialmente tratada com medicamentos analgésicos. O fato de ter apenas 26 anos e gozar de excelente condição física fez com que o problema acabasse menosprezado. Mas, com o passar do tempo, as dores aumentaram e não mais cediam sob o efeito dos remédios comprados em farmácia. Quando foi internado, o rapaz já percebia presença de sangue em seu escarro e tinha muita dificuldade para respirar.

Após exames, veio a triste informação de que os pulmões do marido de Marlene estavam tomados por um tumor canceroso, que ia avançando ameaçadoramente. Ele seria submetido a um rigoroso tratamento, mas os médicos não viam grandes possibilidades de recuperação, principalmente levando em conta a limitação estrutural de que dispunham no hospital público daquele município.

Nessa ocasião, desesperada para salvar a vida do homem amado, Marlene deixou de lado as diferenças e telefonou para a mãe, implorando por ajuda, tentando sensibilizá-la. Talvez uma assistência em clínica particular, com o uso de modernos equipamentos e equipe mais bem preparada, pudesse prolongar a vida do rapaz; ou quem sabe até mesmo curá-lo. Seu pai tinha recursos e influência suficientes para proporcionar o auxílio sem qualquer dificuldade.

— Marlene, você já fez a sua escolha, lembra-se? – disse a mãe, com a maior frieza do mundo. — Nem vou tocar neste assunto com o seu pai, pois ele vai ficar furioso. Nós ainda não a perdoamos e tudo o que eu lhe disse no dia que você deixou esta casa, continua valendo. No entanto, depois que este traste morrer e você ficar viúva, se quiser voltar para cá, sozinha, podemos até reconsiderar a nossa posição.

A pouca consideração que Marlene ainda nutria pelos pais se desintegrou naquele momento e suas inquietações em relação àquele estranho relacionamento só fizeram aumentar.

Os próximos seis meses na vida da jovem esposa foi um verdadeiro inferno. Dividia seus dias entre o trabalho, a casa – que praticamente permaneceu abandonada nesse período – e as vias-sacras ao hospital, onde o marido estava internado, definhando a cada dia por força do agressivo tratamento a que fora submetido e à persistência da enfermidade que, apesar de toda a dedicação das equipes médicas, seguia avançando.

Tarcísio faleceu, ironicamente, no dia em que Marlene completava 25 anos de idade, ofertando a ela um amargo legado de tristeza, desamparo e solidão.

✦ ✦ ✦

O baque que sofreu foi tão intenso, que a jovem viúva pensou seriamente em pôr fim à própria existência. Criada sem qualquer convicção religiosa, acreditava que a morte representasse o fim das alegrias e dos sofrimentos físicos e morais do ser humano.

Com alguns meses de viuvez, sem visualizar conforto para a dor da perda que julgava irreparável, saiu de casa numa tarde disposta a comprar a substância letal que em sua equivocada concepção a libertaria de tanto sofrimento.

Enquanto caminhava pelas ruas, os olhos vermelhos de tanto chorar nas noites insones que tinham sequenciado a morte do esposo, Marlene, ao dobrar uma esquina, esbarrou num senhor negro que estava com uma pilha de livros nas mãos. Com o inesperado encontrão, um dos livros caiu na calçada e o vento começou a folheá-lo aleatoriamente, deixando-o aberto numa determinada página.

A moça abaixou para pegar o livro e não pôde deixar de ler o título de uma matéria, escrito em letras garrafais: "O suicídio e a loucura". Quando se ergueu para devolver o livro ao homem, ele simplesmente havia desaparecido.

Sem ter como devolvê-lo e curiosa com aquelas palavras, começou a ler o intrigante texto:

"A calma e a resignação, hauridas na maneira de encarar a vida terrestre e na fé no futuro, dão ao Espírito uma serenidade que é o melhor preservativo contra a loucura e o suicídio...".

Marlene pensou que seria melhor esperar um pouco. Provavelmente, quando desse falta do livro, o homem voltaria para buscá-lo. E foi exatamente o que aconteceu, mas naqueles poucos minutos que ficou lendo, alguma coisa pareceu lançar um foco de luz, ainda que tênue, sobre a escuridão que habitava em seu interior.

"...A incredulidade, a simples dúvida sobre o futuro, as ideias materialistas são os maiores excitantes ao suicídio: elas dão a covardia moral...", dizia o texto.

Aquelas palavras provocaram um pequeno rebuliço em seu interior. No curto trecho que lera já se via na condição de louca e covarde. Mais adiante, a advertência que a deixou um pouco mais preocupada:

"...abreviando sua vida, o suicida alcança um resultado justamente contrário ao que esperava; pois se livra de um mal para chegar a um pior, mais longo e mais terrível...".

Compenetrada na leitura, não percebeu que o dono do livro estava ali ao seu lado, observando-a.

— Desculpe-me! – disse constrangida, ao notar a presença do homem. — Quis devolver o seu livro, mas o senhor havia sumido...

— Não há problema algum – respondeu ele, com um largo sorriso. — A senhora está gostando da leitura?

— Bem... Não sei se gostando é o termo correto. Achei interessante...

Ele abriu ainda mais o sorriso.

— Então fique com ele.

Marlene balançou a cabeça.

— De jeito nenhum! O livro é seu...

— Não se preocupe, senhora! Eu tenho vários livros desses e, na verdade, estou levando-os para doação mesmo.

Marlene ficou em dúvida, mas aquele estranho estava sendo tão gentil que ela não conseguiu recusar.

— Bem, neste caso, muito obrigada!

— Não há de que! Vá com Deus e faça bom proveito deste Evangelho.

— Evangelho?

Só então ela olhou a capa do livro e viu que se tratava de *O Evangelho segundo o Espiritismo*, de Allan Kardec. Nesse momento, lembrou-se de um jardineiro que trabalhara na casa de seus pais e que dizia frequentar um Centro Espírita. Todas as vezes que o homem tocava em assuntos de reencarnação e comunicação com os Espíritos, a mãe de Marlene o proibia de continuar.

— Guarde essas ideias malucas para você – advertia. — Não quero saber dessas histórias de fantasmas em minha casa.

Mas o empregado não se emendava e de vez em quando deixava escapar a história de que um morto se apresentara na Casa Espírita ou de que recebera a comunicação de um parente desencarnado. Marlene tinha muita curiosidade de conversar com ele sobre aqueles assuntos, mas não ousava contrariar a mãe. Um dia ficou sabendo que o jardineiro simplesmente havia sido demitido.

Envolvida nessas lembranças, colocou o livro embaixo do braço e retornou para o lar. Estava curiosa e com muita disposição para esmiuçar o conteúdo daquelas palavras. Quem sabe não encontraria ali algum conforto para a dor dilacerante que estava sentindo? Haveria a possibilidade de Tarcísio estar vivo em outro plano, consciente de tudo o que se passava com ela?

Em vez do veneno que saíra para comprar, a jovem viúva retornava para casa levando o antídoto.

Capítulo 20

"Se me amais, guardai os meus mandamentos. E eu rogarei ao Pai, e Ele vos dará outro consolador, para que fique eternamente convosco, o Espírito da Verdade, a quem o mundo não pode receber, porque não o vê, nem o conhece. Mas vós o conhecereis, porque ele ficará convosco e estará em vós."

O Evangelho segundo o Espiritismo – Capítulo 6 – item 3

A dor aponta o caminho

Em casa, Marlene começou a ler o *Evangelho segundo o Espiritismo* e não conseguiu abandonar a leitura. Ficou extremamente intrigada com as informações que ali encontrou a respeito da vida pós-morte, da comunicação entre encarnados e desencarnados e das múltiplas reencarnações a que o Espírito está sujeito, e por meio das quais vai se aperfeiçoando, burilando-se entre erros e acertos.

Estava admirada de nunca ter lido nada a respeito daquelas coisas. Era uma leitora voraz desde a adolescência, possuía uma estante abarrotada de livros e revistas, mas em nenhuma daquelas obras encontrara tão claramente expostas as explicações para os "mistérios" da vida. Ficou intrigada com o fato de aquele livro ter sido escrito por Espíritos que se utilizaram das mãos de homens e mulheres que muitas vezes não possuíam conhecimento ou formação intelectual para dissertar sobre assuntos tão profundos. Alguns, inclusive, jovens demais para a tarefa de tamanha responsabilidade.

Ali encontrou a doutrina do Cristo explicada de maneira simples e direta, convidando ao exercício da caridade, do amor ao próximo e do perdão das ofensas. Encontrou a consolação de saber que a morte nada mais é do que uma alternância de estado entre os planos material e espiritual, nos quais todos nós transitamos desde o momento da nossa criação. Aprendeu que o Espírito é imortal, que carrega consigo os sentimentos cultivados ao longo de suas experiências encarnatórias e que essas encarnações oferecem posições diferenciadas de acordo com a necessidade de provação a que seremos submetidos em cada uma delas.

Explicavam-se assim as diferentes condições entre os homens criados pelo mesmo Pai e igualmente amados por Ele. Não há privilégios! Todas as criaturas, ao longo de suas existências e por meio da lei da reencarnação, passam pelas mesmas experiências, tendo a oportunidade de pertencerem ao sexo masculino e feminino, de serem ricos e pobres; saudáveis e doentes, de nascerem em ambientes privilegiados e hostis...

Segundo o que ali estava escrito, a morte seria apenas um estado provisório; um período em que o Espírito está despido da vestimenta carnal. E tudo isto foi aquecendo o coração enregelado de Marlene devido à súbita e precoce viuvez; clarificando a treva da tristeza, dulcificando o amargor imposto pelo sentimento de perda, projetando uma réstia de luz na obscuridade de sua alma magoada pela desesperança.

Quando terminou a leitura, estava chorando, mas chorava agora de modo diferente. Queria acreditar em tudo aquilo;

queria crer que Tarcísio se encontrava vivo e que, em Espírito, estando onde estivesse, continuava amando-a e protegendo-a como sempre fizera. Pela primeira vez na vida recorreu à prece com devoção, querendo crer que suas palavras estavam verdadeiramente sendo ouvidas por Deus. Estava disposta a mudar o seu comportamento, deixando de lado a descrença e confiando no amor incondicional de Deus. O sofrimento agia sobre ela à semelhança do buril sobre a pedra bruta, dando-lhe a forma delicada e bela da joia preciosa que se encontrava ocultada pelas ilusões da matéria.

Quando o sol de uma nova manhã espalhou luz sobre as ruas da cidade, encontrou uma Marlene que ainda sofria, mas que encarava agora o sofrimento de um modo menos pessimista. "Bem-aventurados os aflitos", dizia o Cristo. E ela quase podia vê-lo de braços abertos, sorriso sincero e confiante, como a dizer-lhe: "Venha a mim, que eu aliviarei as suas dores!".

✦ ✦ ✦

Foi desse modo que Marlene procurou seguir na direção daquela luz convidativa. Convite em forma de um carimbo na página de rosto do livro que lhe chegara às mãos de um jeito tão inusitado. Logo abaixo do nome "Casa do Fraterno Amor do Cristo" constava o endereço da instituição e os horários de atendimento.

Naquele mesmo dia, um pouco antes das 19 horas, ela entraria pela primeira vez no ambiente que se tornou o divisor de águas em sua vida. A mulher descrente e inconsolável aos poucos daria lugar ao surgimento de uma Marlene fortalecida por uma fé inteligente, baseada em ensinamentos consistentes sobre as leis universais; pela esperança no futuro e pela certeza de que a vida física do ser humano é tão transitória quanto a sua própria descrença.

Viu descortinar-se, por intermédio de estudos e reflexões, o mundo espiritual com todas as suas possibilidades de ressurgimento, renascimento e evolução contínua pelo ciclo progressivo e infinito do universo micro e macro e não como uma linha reta, com demarcações prévias de início, meio e fim.

Foi recebida naquela casa fraterna pelo mesmo homem que a presenteara com *O Evangelho segundo o Espiritismo*. Chamava-se Ozias o negro de olhar bondoso e sorriso cativante, que a acolheu com profundo amor fraternal.

— Seja muito bem-vinda, minha irmã! – disse com sincera cordialidade o trabalhador da Casa.

Marlene quis responder, agradecer, perguntar, desabafar... Mas não conseguiu fazer nada disso. O pranto represado em sua alma, contido a muito custo, explodia agora de forma libertadora.

Estavam os dois numa pequena sala reservada à recepção de novos assistidos. Ozias, aos 56 anos de idade, sendo 32 deles dedicados à Doutrina Espírita, estava acostumado àquele tipo de reação. Incontáveis foram as vezes em que se deparara com o sofrimento humano sendo exposto de modo tão doloroso. Sofrimento quase sempre causado pelo pensamento materialista de que a vida humana nada mais é do que aquilo que os olhos veem, as mãos tocam e os ouvidos ouvem; pela incerteza do porvir e pela quase certeza de que a morte física de um ente querido representa uma perda irreparável, o rompimento definitivo dos vínculos criados ao longo da relação afetiva; a partida de um ser amado que nunca mais voltará a ser visto.

Ele sabia que é esta sensação de impotência, criada pela equivocada ideia de que a morte é uma realidade definitiva, que ceifa juntamente com o corpo físico a essência espiritual e afetiva do homem, que leva as pessoas ao desespero e as faz acreditar que Deus não existe ou que, se existe, não é tão justo e misericordioso quanto a maioria das religiões apregoa.

Mas Ozias tinha consciência também de que o primeiro contato com o assistido em sofrimento não é o momento mais apropriado para dissertações doutrinárias; é o momento de emprestar os ouvidos, escutar com atenção e ajudá-lo a enxugar suas lágrimas. As feridas da alma precisam ser tratadas com o único remédio que lhes curam verdadeiramente: a caridade desinteressada, o amor incondicional tão propagado e exemplificado por Jesus Cristo!

Marlene ainda não sabia, mas estava finalmente encontrando o caminho que propusera percorrer em sua programação reencarnatória. Era uma trabalhadora do bem que se encontrava distanciada das frentes de luta, enrodilhada nos tentáculos das ilusões materiais que a tantos afastam da seara bendita da caridade.

Tarcísio, ainda que inconscientemente, cumprira a etapa proposta para aquela experiência na carne; uma encarnação de curto período, um breve e profundo contato com a mulher amada. Lição que a ambos serviria de importante aprendizado e faria despertar em Marlene, companheira de antigas eras, a chama do amor incondicional que ardia em seu interior, mas que se encontrava cerceada pelo materialismo, à semelhança da semente lançada em meio a rudes espinheiros.

O sofrimento agia, uma vez mais, como o elemento divino a mover as mais íntimas fibras da natureza espiritual de um ser adormecido para os nobres sentimentos da caridade. Marlene nunca mais abandonaria aqueles companheiros de luta e ali realizaria as suas mais elevadas aspirações, a alegria das conquistas que somente a caridade praticada com desapego e gratuidade pode oferecer.

Quando a mãe, sabendo que a filha enviuvara, reforçou o convite para que ela voltasse a desfrutar dos privilégios materiais na rica propriedade da família, Marlene não via neles a menor importância. Descobrira o valor da liberdade de tomar suas próprias decisões, de não precisar se submeter à arrogância de quem se julga dono da vontade alheia e expulsa impiedosamente do seu convívio aqueles que não se submetem aos seus caprichos ou que não correspondam às suas mesquinhas e egoísticas expectativas.

Não guardaria mágoa dos pais; não lhes desejaria nenhum mal, pois aprendera com a Doutrina dos Espíritos, acima de tudo, a importância de se praticar a indulgência. Mas dispensou educadamente o convite, perdoou-os, pediu a Deus que os amparasse e permaneceu em sua edificante caminhada.

Sua prioridade agora era acumular tesouros onde "a traça não rói, os ladrões não roubam e a ferrugem não corrói", como ensinou o meigo rabi da Galileia. E a Casa do Fraterno Amor do Cristo era um celeiro de bênçãos, granjeando benfeitores de ambos os planos da vida para transformarem a vontade em ação, por meio da caridade e do amor ao próximo. Ali estava a sua frente de trabalho, pois encontrara naquele ambiente a verdadeira família, aquela que no pior momento de sua vida a acolhera de braços e corações abertos.

Capítulo 21

"O homem é, num grande número de casos, o autor de seus próprios infortúnios. Mas, em vez de reconhecê-lo, acha mais simples, e menos humilhante para a sua vaidade acusar a sorte, a Providência, a falta de oportunidade, sua má estrela, enquanto, na verdade, sua má estrela é a sua própria incúria."

O Evangelho segundo o Espiritismo – Capítulo 5 – item 4

Plantio de espinheiros

Rosália passou um tempo amuada ao lado de Bertoldo e Duílio. Após o atendimento recebido no Centro Espírita, ela passou a se lembrar de praticamente tudo o que havia acontecido décadas atrás e, para não enlouquecer de vez, compartilhava essas lembranças com o amigo que acabou acolhendo-a de forma tão amistosa. Bertoldo a tudo ouvia com inabalável paciência, evitando fazer observações pessoais, a menos que elas fossem solicitadas pela sofredora senhora.

Depois de ter deixado a capital paulista em companhia dos filhos e retornado à cidade natal naquela triste e cansativa viagem, foi recebida pelo pai e pela mãe, que lamentaram o fato de ela ter sido abandonada pelo marido.

— Aquele pilantra do Arnaldo nunca me enganou – esbravejou dona Paulina. — Logo vi que tinha cara de mulherengo; que não era homem de ficar com uma mulher só.

O senhor Alípio concordou com a esposa.

— Diacho de vida! A gente cria uma filha com o maior cuidado, para ela acabar caindo nas garras de um pilantra que nem é capaz de honrar as calças que veste. Pensar que você podia ter estudado mais, podia ter se tornado uma pessoa mais preparada para a vida... Mas acabou largando tudo para se casar com aquele irresponsável.

O casamento de Rosália havia sido muito contestado, pois a fama de seu noivo não era das melhores naquela região. Além disso, ela era muito inteligente e o sonho do senhor Alípio era que a filha adiasse os planos de se casar e se dedicasse mais aos estudos. Quem sabe não se tornasse uma doutora? Agora, embora não a culpasse pelo abandono sofrido, aproveitava a oportunidade para lembrá-la de sua teimosia à época da juventude.

Jonas e Juca mal cumprimentaram os avós e saíram correndo para explorar o sítio onde viveriam dali por diante. Na ausência dos meninos, Rosália iniciou uma conversa delicada com os pais:

— Preciso falar de um assunto sério com vocês.

Dona Paulina se antecipou:

— É sobre a sua filhinha, não é?

Rosália fez um ar de profunda tristeza. Havia ensaiado direitinho a representação que faria naquele momento.

Olhou em volta, certificando-se de que os meninos realmente não estavam presentes e disse quase sussurrando:

— Infelizmente, a Luzia está morta!

— Morta? – perguntou o avô. — Mas você não disse que ela estava internada?

Rosália fez sinal para que ele baixasse o tom de voz para os garotos não ouvirem.

— Sim, pai. Eu precisei mentir na frente dos meninos porque eles não sabem de nada ainda. Eu não quis contar a eles para evitar maiores sofrimentos. Disse que ela ficou internada, mas a verdade é que a Luzia já está morta.

— Mas como os garotos não sabem? Eles não viram o corpinho dela ser enterrado? Não houve um velório... Um enterro?

— Na verdade, não. Meus ex-patrões são pessoas muito caridosas e se propuseram a cuidar de tudo. Foi uma forma que achamos de livrar os meninos de mais um sofrimento desnecessário. Afinal, já tinham perdido o pai, não é?

As últimas palavras de Rosália foram ditas entre lágrimas, o que sensibilizou ainda mais os corações de seus pais. Dona Paulina abraçou a filha, buscando confortá-la.

— Meu Deus! Por que será que uma desgraça sempre vem acompanhada de outra na vida da gente? – observou ela.

No fundo, Rosália estava satisfeita com o próprio desempenho. A primeira história, inventada para justificar a ausência de Luzia, havia convencido seus pais. Agora, viria a segunda parte e ela manteve a mesma segurança, para não cair em contradição.

— Pois é, mãe, mas às vezes acontece alguma coisa positiva para compensar as desgraças.

— Você tem alguma boa notícia para nos dar? – perguntou o senhor Alípio.

— Bom, não é tão boa a ponto de trazer de volta as perdas que tive, mas é uma espécie de prêmio de consolação. Acontece que o Arnaldo tinha o hábito de apostar na Loteria Federal. Ele sempre me mandava ir buscar o resultado numa casa lotérica. Depois que fui abandonada, resolvi pegar tudo o que ele havia deixado para trás e jogar no lixo. No meio das coisas dele tinham uns bilhetes de apostas. Cheguei a jogar tudo na lixeira, mas, de repente, parece que uma voz soprou no meu ouvido que era para eu pegar as apostas de volta e ir à casa lotérica ver o resultado...

Ela contava e olhava para os pais, com os olhos bem abertos, procurando ser convincente.

— Sim, filha! E daí? – perguntou dona Paulina, com aflita impaciência.

— Daí, que vocês nem vão acreditar! Eu fui à lotérica, conferi os bilhetes e não é que um deles estava mesmo premiado?

— Filha! Quer dizer que você está milionária? – perguntou o senhor Alípio.

— Milionária não, pai. O prêmio foi dividido com muitos apostadores, mas recebi uma boa quantia.

Então Rosália tirou da bolsa o pacote de dinheiro que recebera de Mathias e mostrou aos pais.

Dona Paulina levou as duas mãos à boca escancarada e arregalou os olhos.

— Nossa mãe de Deus! Quanto dinheiro, filha!

O senhor Alípio foi mais ponderado.

— É uma boa quantia, mas precisa ser usado com parcimônia, senão não dura muito tempo.

— Bem feito para o Arnaldo! – exclamou dona Paulina. — A justiça de Deus não falha mesmo!

Rosália sorriu por dentro. Suas mentiras haviam convencido os pais e nesse sentido ela poderia ficar sossegada.

✦ ✦ ✦

No dia seguinte, Rosália foi com o pai a uma agência bancária, onde ela aplicou o dinheiro. O senhor Alípio, homem econômico, possuidor mesmo de uma boa dose de sovinice, aconselhou-a a gastar o mínimo possível, deixando a aplicação render juros e correções.

— Aqui em casa você não vai ter despesa alguma. Três bocas a mais para comer não vai representar quase nada, se cada um fizer a sua parte na hora de trabalhar – disse ele. — Podendo contar agora com mais braços para tocar o sítio, a produção certamente vai aumentar. Então deixa o seu dinheiro no banco rendendo juros e gaste somente quando houver muita necessidade. Com o tempo, aquilo acaba virando uma fortuna de verdade!

A adaptação dos meninos à vida no interior ocorreu sem grandes dificuldades. Aliás, Jonas e Juca pareciam imunes a qualquer tipo de problema, superando tudo com inabalável indiferença. Preferiam ficar trabalhando com o avô nas plantações a frequentar as salas de aula.

Desse modo, mal se alfabetizaram, mas possuíam um dom natural para a aprendizagem que os deixou preparados para enfrentar o mundo do modo que julgavam mais apropriado; ou seja, buscando levar vantagem em todas as oportunidades possíveis.

Rosália chegou a pensar em retomar os estudos, mas acabou desistindo. Passou a se dedicar também aos trabalhos no pequeno sítio da família e nas tarefas do lar, ao lado de dona Paulina.

Capítulo 22

"Mas Deus vê o progresso de todas as criaturas. Eis por que não deixa impune nenhum desvio do caminho reto. Não há uma só falta, por mais leve que seja, uma única infração à sua lei, que não tenha consequências forçosas e inevitáveis, mais ou menos desagradáveis."

O Evangelho segundo o Espiritismo – Capítulo 5 – item 5

Colheita de espinhos

Rosália conviveu com os pais por quase vinte anos. Jonas e Juca se tornaram dois rapagões fortes, irrequietos e maliciosos. Nesse meio tempo, o senhor Alípio faleceu e dona Paulina, que andava com a saúde mental bastante debilitada, foi levada para viver na companhia de uns parentes que moravam numa cidade maior, onde terminou internada num manicômio.

Os filhos de Rosália herdaram o compromisso de manter o sítio produzindo, mas andavam cansados de trabalhar de sol a sol sem ver o fruto de tanto esforço render mais do que o necessário para a subsistência da família. Com a morte do avô, começaram a considerar a possibilidade de abandonarem a vida na roça e seguirem atrás de melhor sorte na cidade grande. Haviam herdado o comportamento extravagante do genitor e sentiam falta de farras em seu cotidiano.

Do dinheiro que Rosália havia aplicado no banco e que fora gasto com muita moderação, como aconselhara o senhor Alípio, ainda restava uma boa quantia na agência bancária quando os rapazes procuraram a mãe, dizendo que estavam pensando em partir e sugeriam duas opções: ou Rosália iria com eles ou os ajudaria financeiramente na mudança de vida a que se propunham.

Jonas e Juca mantinham com a genitora um relacionamento frio e distante, sem qualquer demonstração de afeto ou gratidão, e este sentimento negativo era correspondido à altura, pois Rosália não era o tipo de mãe que dedicasse muita atenção aos filhos.

Aliás, à medida que o tempo avançava, o sentimento de culpa pelo abandono da filha só fazia aumentar, transformando o dia a dia de Rosália num manancial de cobranças e inquietações que a mantinham como que vivendo num mundo à parte, ao qual nem mesmo os filhos tinham acesso.

Este comportamento era encarado por muitos como os primeiros resquícios da debilidade mental que havia subjugado dona Paulina e que, por um processo hereditário, afetava agora a filha. Jonas e Juca acreditavam que a mãe acabaria tendo o mesmo destino da avó, mas não se sensibilizavam com este pensamento, encarando mais esta adversidade em suas vidas com a costumeira indiferença.

Rosália reprovou o projeto dos rapazes e disse que não tinha dinheiro para ajudá-los. Ela nunca havia contado aos filhos a ocorrência na chácara dos Esteves e pensava que eles não sabiam de nada, mas acabou surpreendida com o que ouviu.

— Nós sabemos que a senhora tem dinheiro, sim. Já vimos várias correspondências da sua conta bancária.

Rosália estava surpresa e indignada ao mesmo tempo. Quanto mais conhecia os rapazes, mais se decepcionava.

— Como vocês ousaram fuxicar nas minhas coisas?

— Ninguém fuxicou, mãe! – explicou Juca. — A senhora esquecia as cartas do banco em cima da mesa e a gente via.

Percebendo que não adiantava negar, ela tentou justificar, repetindo para os filhos a história do bilhete premiado. Mas logo foi interrompida pelo filho mais velho, que era terrivelmente irônico.

— Por acaso, o bilhete premiado se chama Luzia?

Ela sentiu o rosto queimar.

— O que você perguntou, Jonas?

— Eu vi tudo, mãe. Eu não estava dormindo; fiquei escondido atrás da porta do quarto e vi o bolo de dinheiro que o senhor Mathias deu para a senhora deixar a Luzia ficar com eles. Nunca falei nada, porque não me interessava, mas agora eu e o Juca queremos uma parte daquele dinheiro, sim. E temos todo o direito; afinal, a senhora ficou sem a sua filha, mas nós ficamos sem a nossa irmã. Nós não vamos abrir mão da nossa parte de jeito nenhum.

Rosália estava completamente atordoada. Ela pensava que seu segredo estivesse muito bem guardado e, pega em flagrante, ficou muito desconcertada, enquanto um misto de ódio e de vergonha eclodia violentamente em seu interior. Quando conseguiu sair daquele estado de torpor, começou a brigar com os filhos.

— Seus ingratos! Como puderam ficar escutando a minha conversa atrás da porta? E por que fingiram que não sabiam de nada?

Juca, que era um pouco mais ponderado, tentou controlar a situação, falando com um tom de voz mais suave, porém com palavras não menos contundentes.

— Tenha calma, mãe! O que o Jonas está pedindo não é nada demais e a senhora não pode negar o que fez. Não precisa ficar tão brava desse jeito...

— Ah, não? Devo fazer o quê? Ficar feliz por saber que criei duas cobras venenosas em minha casa? Dois filhos ingratos que me apunhalam pelas costas?

— Ingrata e venenosa é uma mãe que tem coragem de vender a própria filha – gritou Jonas que, à semelhança do pai, tinha pavio curto e a agressividade das palavras na ponta da língua. — Nós, ao menos, estamos lhe oferecendo opções. Qual foi a opção que a senhora ofereceu à Luzia? Por acaso, perguntou se ela queria ser vendida? Se preferia ter aqueles almofadinhas orgulhosos como pais?

Rosália, completamente descontrolada, partiu para cima do filho, tentando agredi-lo com uma panela de ferro, mas foi contida pelo caçula, que a custo conseguiu segurá-la.

— Deixe-a – insultou o mais velho. — Assim ela se livra de mais um filho e sobra mais dinheiro na sua conta bancária.

Essas palavras feriram Rosália profundamente, provocando-lhe uma incontrolável crise de choro. Ela se trancou no quarto e ali permaneceu durante horas, mergulhada em profunda depressão, remoendo as graves acusações que lhe foram jogadas no rosto sem a menor comiseração.

Quando se recuperou, travou-se uma acirrada discussão entre ela e os filhos, onde novas acusações foram trocadas de forma cruel, principalmente entre Rosália e Jonas. Ao final da contenda, ficou decidido que o dinheiro seria dividido em três partes iguais, o que foi levado a termo alguns dias depois.

✦ ✦ ✦

De posse do que lhes cabia, Jonas e Juca partiram para destino ignorado, deixando atrás a mãe solitária e extremamente contrariada com as suas atitudes. Era a segunda vez que Rosália se sentia abandonada pelos homens que faziam parte da sua vida. A área produtiva do sítio foi arrendada a um vizinho, ficando para Rosália a responsabilidade de cuidar apenas da casa e do pequeno quintal que a circundava. O valor do arrendamento, pago mensalmente, embora irrisório, era suficiente para suprir às poucas necessidades da filha de Alípio.

Talvez por conta da solidão a que foi relegada; talvez por conta da grave decepção que tivera com os filhos e consigo própria, Rosália começou mesmo a sofrer alguns sintomas de debilidade mental, à imitação de sua mãe. Pior, começou a sentir um peso insuportável na consciência devido ao fato de haver vendido a própria filha.

Esta realidade, da qual ela procurava fugir criando subterfúgios ilusórios com o objetivo de mascarar, mostrara-se de forma clara e cristalina após a manifestação de Jonas e Juca. Principalmente depois da posição assumida pelo filho mais velho, demonstrando a repugnância que nutria por ela, em função da infeliz atitude do passado.

Rosália passava os dias acamada, delirando, vendo fantasmas passearem na penumbra do lar. Alimentava-se precariamente, descuidou-se da higiene pessoal e entregou-se inteiramente à solidão. Estava tão decepcionada consigo mesma, que não conseguia nem sequer olhar-se ao espelho e às vezes estapeava-se, xingando e tratando-se a si mesma de forma depreciativa.

Quando dormia, tinha pesadelos nos quais uma menina com o corpo coberto por feridas estava caindo num precipício profundo e lhe estendia a mãozinha, pedindo socorro. Rosália corria para socorrê-la; chegava a tocar a mão da criança, mas não conseguia segurá-la com firmeza suficiente para evitar a queda. O grito da menina despencando no abismo ecoava em sua mente e ela acordava suando frio, com o coração disparado e as pernas trêmulas, como se tudo aquilo tivesse sido real.

✦ ✦ ✦

Três anos se passaram desde a despedida dos filhos e nenhuma notícia chegou a ela a respeito de seus destinos. Em compensação, o fantasma da criança que um dia fora trocada por dinheiro, aparecia cada vez com mais frequência em seus sonhos. Os labirintos da culpa iam se tornando mais intrincados a cada dia que passava.

Brotou em Rosália uma grande necessidade de saber do paradeiro de Luzia. E foi assim que decidiu viajar para a capital paulista e procurar pelos ex-patrões. Sabia que não teria de volta a filha abandonada, mas precisava vê-la ou ao menos saber notícias dela. Afinal, aqueles sonhos pareciam mostrar-lhe que a menina estava ou estivera em grande dificuldade por culpa do abandono sofrido.

Rosália decidiu empreender a longa viagem de volta. Quando foi ao banco retirar o dinheiro para comprar as passagens, teve outra decepção. Descobriu que os filhos haviam se apoderado também de quase toda a parte que caberia a ela. Rosália nunca teve muito jeito para lidar com bancos e, sem perceber, acabou fornecendo aos rapazes as informações necessárias para que a conta pudesse ser movimentada. A quantia disponível mal dava para pagar a passagem de ida para São Paulo.

Mais uma vez decepcionada e com ódio dos homens de sua vida, ela viu naquele episódio um incentivo a mais para ir embora dali. Não sabia bem o que a aguardava, mas pelo menos faria o que achava certo. Agindo daquele modo, julgava estar amenizando a gravidade do deslize cometido quase duas décadas antes. Esperava com isso aliviar um pouco o peso da consciência que se tornava a cada dia mais insuportável.

Com a capacidade de raciocínio cada vez mais comprometida, Rosália levou cerca de um mês para chegar ao destino, tendo se perdido em diversas ocasiões. Sem dinheiro suficiente para a viagem, a aventura fora bastante complicada, entre longas caminhadas, caronas, alimentação precária e pousos em lugares inamistosos.

Chegando à capital paulista, em farrapos e muito maltratada pela vida, teve de enfrentar novos desafios para localizar a chácara onde trabalhara. Muita coisa havia mudado naqueles mais de vinte anos e Rosália se sentia totalmente perdida na movimentada metrópole.

Após encontrar o luxuoso condomínio, enfrentou muita dificuldade para adentrá-lo, só conseguindo fazê-lo ao aproveitar-se de um descuido do vigilante. Rosália não tinha a menor ideia de que naquele dia estava vivendo os últimos momentos de sua melancólica experiência encarnatória.

Capítulo 23

"Pobre raça humana, cujo egoísmo corrompeu todas as sendas, toma novamente coragem, apesar de tudo. Em sua misericórdia infinita, Deus te envia poderoso remédio para os teus males, um inesperado socorro à tua miséria."

O Evangelho segundo o Espiritismo – Capítulo 7 – item 12

Um caminho diferente

Bertoldo ouvia as histórias que Rosália narrava num tom lamuriante, entrecortado às vezes por profundos soluços, e sentia pena da amiga. Ficava pensando em como a vida é cheia de ciladas, nas quais é tão fácil cair quanto esquivar-se, mas que, na imensa maioria das vezes, a queda parece ser algo bem mais atraente.

— O pior é que o dinheiro que a levou a tomar essa atitude não serviu para nada, não é? – observou ele, após longo período de silêncio.

Rosália, que parecia em transe, imersa em pensamentos aziagos, despertou:

— O que disse?

— Eu disse que o dinheiro que você recebeu pela Luzia não lhe serviu para nada.

Ela pensou um pouco e exclamou surpreendida pela lógica observação:

— É verdade! Eu não havia pensado nisso.

— Você disse que enquanto viveu com os seus pais, praticamente não mexeu nele.

— Não mexi mesmo. O meu pai era muito sovina e me vigiava o tempo todo. Algumas vezes eu até quis gastar, mas ele me fazia mudar de ideia. Houve momentos em que eu nem me lembrava de possuí-lo.

— Quer dizer que não lhe fez falta...

— Quer dizer que não havia necessidade alguma de fazer o que fiz, Bertoldo. A minha insegurança acabou não se justificando. Estranho é que no momento em que aceitei a proposta, parecia não haver saída. Eu tinha a impressão de que, se não aceitasse a proposta do senhor Mathias, estaria condenando Luzia à morte ou a uma vida de sofrimentos ao meu lado.

Bertoldo balançou a cabeça.

— Eu sei exatamente do que você está falando, Rosália. Minhas atitudes não foram diferentes e, pelo jeito, é o que mais acontece no mundo. A gente cria uma obsessão, uma ideia fixa e fica parecendo que não há escolha; que só temos uma opção, mesmo sendo algo que a nossa consciência desaprove. Assim como você, eu sou obrigado a conviver com o fantasma daquele menino canceroso que morreu por minha culpa.

Rosália cerrou os punhos e deixou claro que ainda pensava na observação anterior.

— O pior é que aquele dinheiro maldito ainda acabou servindo para eu ser apunhalada pelas costas pelos meus próprios filhos – disse entre dentes.

— Bom, de qualquer modo, já passou – observou o amigo, tentando descontraí-la.

Mas o clima estava mesmo tenso e Rosália começou a transferir essa tensão para o diálogo, tornando-o ríspido. Parecia querer descarregar sua frustração sobre quem estava mais próximo.

— Passou? Falar é fácil, Bertoldo. Não é porque passou que deixou de existir.

— Mas, passou... Agora é melhor esquecer.

— Esquecer? Nunca! Aliás, foi você quem me disse que certas feridas, uma vez abertas, não se cicatrizam mais. Lembra-se disso?

Bertoldo também começou a perder a paciência e a conversa virou acirrada discussão.

— É verdade! Mas quando eu digo para esquecer, estou dizendo para procurar se distrair com outras coisas, descontrair-se... Mas você é toda certinha! Não gosta nem de beber...

Irritada com o sarcasmo do amigo ao usar a expressão "certinha", Rosália o olhou de um modo desafiador.

— Bertoldo, eu não vou fazer o que você fez.

Ele sorriu com deboche.

— Ah, não?

— Não! Não vou ficar fugindo do meu passado.

— E vai fazer o quê, dona Rosália? Posso saber?

— Encarar os meus problemas de frente! Sem acovardar-me! Duvido que isso faça doer mais do que já tem doído.

Ele abandonou o sarcasmo e a encarou com gravidade.

— Tem certeza do que está dizendo?

Rosália suspirou e encolheu os ombros.

— Não. Mas vou tentar algo diferente.

— Por quê?

— Porque a sua escolha, meu amigo, eu já sei como termina. E, desculpe-me a sinceridade, mas não me atrai nem um pouquinho.

Ele deu de ombros.

— Você é quem sabe...

Rosália, mostrando que estava bem consciente do que dizia, puxou-o levemente pelo queixo, olhou nos olhos dele e explicou:

— Bertoldo, eu tenho pensado muito naqueles infelizes que vivem na dependência dos usuários de drogas e dos que se submetem às humilhantes e dolorosas chibatadas dos guardiões daquele templo hostil que dizem ser a "casa de Deus", e de tantos outros "mortos-vivos" que se arrastam por aí, parasitando as energias alheias...

— Espera aí! – ele a interrompeu irritado, desvencilhando-se dos dedos que Rosália colocara sob o seu queixo. — Assim você me ofende. Eu não sou nenhum parasita, morto-vivo, covarde, ou que diabos mais você pense. Sou um homem livre fazendo as minhas escolhas, decidindo pelo que julgo ser o melhor para mim...

Ela se arrependeu de ter usado palavras tão duras e tentou se retratar, baixando o tom de voz.

— Desculpe, meu amigo! Não foi minha intenção ofendê-lo. Eu não sei o que teria sido de mim sem a sua ajuda... Serei eternamente grata por tudo o que você me fez...

Ele permaneceu em silêncio, demonstrando não haver engolido o pedido de desculpas. Rosália prosseguiu, quase implorando. Suas mãos estavam trêmulas, sua voz assumiu um tom de amargura.

— Perdoe-me, por favor, Bertoldo! O que estou dizendo é que esse tipo de vida que você está levando depois que deixou o corpo material é muito doloroso e não me parece bom. Não há esperanças... Os dias são todos iguais, são feios, cinzentos, tristes e solitários. Talvez, pelo fato de estar assim há tanto tempo, você nem perceba mais esses detalhes. Talvez tenha se acostumado a sentir dor, mas ela não nos deixa em paz um segundo sequer. Estamos sempre "encostando" em alguém, sugando alguma coisa que não nos pertence, dividindo sofrimentos, implorando atenção, invadindo a privacidade dos lares, tirando o sossego alheio, dando trabalho aos outros... É isto que eu não quero mais. Será possível que não há outro caminho, outro modo de vida menos sofrido deste lado?

Quando terminou o desabafo, Rosália estava chorando. Bertoldo permanecia em silêncio, sem mover um músculo sequer. Ela tentou se aproximar, mas ele deu as costas. No fundo, sabia que a amiga estava coberta de razão e essa era a causa de sua maior irritação. O que Bertoldo queria, na verdade, era ter aquela mesma determinação que Rosália demonstrava, mas faltava-lhe coragem para agir do mesmo modo.

A mulher se afastou lentamente, esperando que ele a chamasse de volta, mas Bertoldo não o fez. Então ela caminhou até uma praça, onde se sentou e, enquanto fazia um esforço sobre-humano para se acalmar, ficou observando as pessoas que transitavam por ali, totalmente alheias à sua presença.

Percebeu que a maioria costuma andar rápido demais, consultando o relógio, falando nervosamente ao aparelho celular, atrapalhados com suas sacolas, desajeitados com seus sapatos bonitos e desconfortáveis; os semblantes quase sempre tensos e preocupados. Agora ela já conseguia distinguir a aparência dos encarnados da dos desencarnados, notava que praticamente não havia diferença entre uns e outros. Percebia, acima de tudo, que as aflições da alma humana são as mesmas nos dois planos da vida.

De repente, ela teve a atenção despertada para um casal que caminhava de mãos dadas com o filhinho. Eram umas das poucas pessoas que sorriam descontraídas naquela praça, e andavam devagar. Rosália foi envolvida por uma sensação agradável ao reconhecê-los: Patrícia, Rodrigo e Thiaguinho curtiam a tarde ensolarada. O menino gargalhava gostosamente, com seus toquinhos de pernas suspensos no ar, brincando de pedalar o vento quando os pais o erguiam pelos braços.

Em função das fortes dores que continuava sentindo, o primeiro pensamento que ocorreu à desencarnada foi aproximar-se de Patrícia a fim de buscar alívio para o seu sofrimento, mas, com firme determinação, conseguiu vencer essa vontade. Os três estavam muito felizes e Rosália achou que não seria justo voltar a atrapalhar a vida daquela família. Estava mesmo decidida a tomar um rumo diferente do que fora escolhido pelo amigo Bertoldo.

A tarde foi transcorrendo lentamente e quando o sol começou a desaparecer no horizonte, expondo o vermelho-dourado das horas crepusculares, ela seguiu para o ponto de ônibus que ficava em frente à casa bonita onde estivera dias antes em companhia de Bertoldo. Sentou-se no banco e ficou aguardando com grande ansiedade até o momento em que Marlene apareceu e, como duas amigas que houvessem marcado um encontro, seguiram juntas para a Casa do Fraterno Amor.

Capítulo 24

"É necessário que venha o escândalo, para que os homens, em expiação na Terra, se punam a si mesmos, pelo contato de seus próprios vícios, dos quais são as primeiras vítimas, e cujos inconvenientes acabam por compreender. Depois que tiverem sofrido o mal, procurarão o remédio no bem."

O Evangelho segundo o Espiritismo – Capítulo 8 – item 14

Nada é por acaso

Tudo ocorreu praticamente como da vez anterior em que estivera no Centro Espírita. Uma das poucas diferenças percebidas por Rosália foi que agora, em vez dos Espíritos desesperados que tinha visto daquela vez, ela via entidades equilibradas e que, apesar de seus semblantes tristonhos e pesarosos, adotavam um comportamento bem mais tranquilo e moderado, possivelmente aguardando o momento de serem atendidas pelas equipes socorristas que ali atuavam.

Após a apresentação musical, iniciou-se a palestra, cujo tema "O cristo consolador", pôde ser compreendido em boa parte por ela. As palavras do palestrante praticamente responderam à pergunta que Rosália havia feito horas antes ao amigo Bertoldo:

"Será possível que não há outro caminho, outro modo de vida menos sofrido deste lado?"

Segundo as palavras do orador, havia outro caminho, sim! O caminho da salvação ou, como ele disse: "O consolador prometido por Jesus. O caminho do conhecimento das coisas, que faz o homem saber de onde vem, para onde vai e porque está na Terra; chamamento aos verdadeiros princípios da lei de Deus, e consolação pela fé e pela esperança".

Outro detalhe percebido por Rosália foi que desta vez, ao cumprimentar Ozias, Marlene não se queixou de dores físicas. Apenas deu a entender, discretamente e com boa dose de entusiasmo, que "alguém" havia retornado com ela. O dirigente da instituição piscou o olho e, abrindo seu cativante sorriso, elucidou:

— Graças a Deus, minha irmã! Rezei muito para que isto acontecesse.

✦ ✦ ✦

Ao ser perguntada se desejava falar alguma coisa, após receber as boas-vindas na reunião mediúnica, Rosália, que tinha uma ótima capacidade de aprendizado, desta vez não se fez de rogada. Já sabia como tudo funcionava e ficou bem à vontade para se comunicar.

— Tenho muitas dúvidas – pensou ela, para que Marlene pudesse repetir ao dirigente da reunião. — Poderia tirá-las?

Ozias, com seu tom de voz calmo e paternal, respondeu:

— Na medida do possível, sim. Infelizmente, minha irmã, eu não tenho como saber tudo, mas aquilo que me for permitido esclarecer, eu o farei com muito prazer.

Então, Rosália fez algumas perguntas que surpreenderam os médiuns presentes à reunião, pois, ao contrário do que esperavam, seus questionamentos iniciais não foram sobre as suas penúrias pessoais, mas sobre questões coletivas.

— Tenho visto muita miséria, desde que me dei conta de que estava morta. Queria saber por que tem de ser assim. Por que há tanta desgraça deste lado da vida? Por que é impossível às pessoas serem felizes, terem paz e sossego?

Ozias explicou o porquê das misérias humanas. Disse que não existe essa história de "tem que ser assim". Falou que Deus não nos criou para o sofrimento e que as dores não representam necessariamente castigo, mas ferramentas a burilar o Espírito, a aparar arestas morais, a corrigir a direção do homem para o caminho do bem.

— O sofrimento – disse ele — é o fruto gerado na semeadura do mal. É a colheita originada da semente do orgulho, da ambição, do egoísmo, da vaidade e de tantos outros ilusórios valores que nos ofuscam e nos conduzem ao caminho da perdição. Por outro lado, as alegrias celestiais ou a paz de espírito que todos nós buscamos são os frutos gerados na semeadura do bem. É a colheita da caridade praticada, do amor compartilhado, do perdão concedido, do desapego às ilusões pueris da matéria...

— Já que a vida humana é uma sucessão de idas e vindas aos dois planos, quer dizer que é feita de reencontros? – perguntou ela.

— Exato, minha irmã! Deus nos concede a oportunidade desses reencontros justamente para quitarmos os nossos débitos pessoais, por meio da convivência com os desafetos do passado.

Rosália ouvia tudo em silêncio, buscando absorver aquelas palavras tão coerentes e cada vez mais se convencia de ter se equivocado em suas atitudes. Finalmente, resolveu fazer uma pergunta de ordem pessoal.

— Significa que as pessoas com as quais eu convivi eram antigos inimigos meus?

Ozias elevou o pensamento, pedindo orientação à equipe espiritual que amparava as tarefas da Casa. Ele não tinha certeza se Rosália estava preparada para uma retrospectiva ainda mais profunda de seu pretérito. Foi inspirado a dar sequência à tarefa. Então a orientou:

— Procure se concentrar, minha irmã! Vamos buscar esta resposta no seu passado. Que Deus nos ampare!

✦ ✦ ✦

O cenário projetado no campo mental de Rosália e que foi também visualizado por Ozias mostrava uma cidade pequena e agitada, de ruas estreitas por onde passavam cavaleiros e carroças, e onde as pessoas transitavam em meio a uma espessa nuvem de poeira avermelhada. O ambiente lembrava cenas de um filme muito antigo, com homens de semblantes pesados e mulheres de peles queimadas pelo sol escaldante.

Uma mulher, cuja beleza física destoava completamente daquele cenário rústico, acabara de desembarcar de uma charrete e se dirigia à única agência bancária existente naquela rua cheia de bares, armazéns e pequenas lojas de miudezas. Embora já não fosse tão jovem, seu corpo muito bem delineado e elegantemente trajado, a longa cabeleira ruiva e os traços perfeitos do rosto delicado, chamavam a atenção de todos, provocando cochichos maliciosos pelas esquinas.

Acompanhava-a um homem corpulento, de aparência selvagem, levando uma sacola abarrotada de dinheiro para ser depositado. Após breve demora, os dois saíram, embarcaram na charrete e seguiram por uma estreita estradinha, em direção à zona rural.

A certa altura da viagem o sujeito perguntou à mulher:

— E então, meu amor, o que decidiu? Quando iremos nos casar?

Ela o olhou com impaciência.

— Calma! O cadáver do meu marido ainda nem esfriou na cova. Não podemos nos precipitar para não levantar suspeitas sobre a morte dele.

— Eu não estou dizendo que tem de ser agora. Só queria saber...

Ela voltou a encará-lo com irritação e ele baixou a cabeça, silenciando-se.

Quando a charrete passava numa vereda entremeada por um matagal, em local totalmente ermo, a mulher pediu ao condutor que parasse um pouco. Ele obedeceu imediatamente, olhando-a com malícia, com os pensamentos cheios de segundas intenções. Quando ergueu os braços, tencionando abraçar a linda mulher, fez uma careta e caiu atingido na testa pelo tiro certeiro de um rifle, disparado por alguém que se encontrava escondido no meio das árvores.

O autor do disparo, um jovem de porte elegante e que deveria ter no máximo uns vinte anos de idade, deixou o esconderijo e correu para acalmar os cavalos que haviam se assustado com o estampido e ameaçavam sair em disparada. Depois de acalmá-los, o assassino verificou o corpo de sua vítima, certificando-se de que ele estava realmente morto. Com um largo sorriso de triunfo, subiu na charrete e sentou-se ao lado da mulher que a tudo assistira passivamente.

— Por um momento achei que você houvesse desistido – comentou ela.

Ele a acariciou no rosto.

— Só se eu fosse louco para deixar uma mulher linda e rica à solta por aí.

Após beijarem-se demoradamente, ela o olhou nos olhos e disse:

— Se você tivesse desistido, eu o encontraria nem que fosse no inferno. Faço qualquer loucura para estar ao seu lado!

E a charrete seguiu viagem.

✦ ✦ ✦

Ao ver aquelas imagens, Rosália, tomada de visível aflição, disse mentalmente as palavras que foram repetidas por Marlene:

— Três homens: o marido rico, com o qual me casei por interesse; o capataz sem importância que seduzi e usei para me livrar do esposo indesejado e o rapaz por quem me encontrava apaixonada e que inseri em meus planos para ficar livre e rica. Seriam eles a reencarnação de Arnaldo, Jonas e Juca?

Ozias apenas disse:

— Continuemos observando, minha irmã. É possível que tenhamos mais informações.

✦ ✦ ✦

O cenário foi retomado no momento em que a bela mulher – agora mais velha, com os cabelos esbranquiçados e profundas rugas a demarcar o rosto – e o amante – que ainda ostentava uma aparência bastante jovial – travavam acirrada discussão, no suntuoso salão de uma rica residência.

— Não vou admitir que você vá embora, seu aproveitador! Eu não o tirei da miséria para ser abandonada deste jeito. Para ser trocada por uma aventureirazinha qualquer! – gritou ela.

O rapaz a olhou com repugnância.

— Ah, é? E qual foi a sua consideração para com o homem que a tirou daquela vida imunda de meretriz? Você teve pena dele? Não tramou a morte do idiota para ficar com o dinheiro da venda da propriedade dele? Deixe-me em paz, ou vai parar na prisão, sua velha pegajosa.

Depois de pronunciar essas ferinas palavras, o rapaz virou as costas, apanhou duas malas e começou a caminhar em direção à porta. A mulher empunhou uma pequena pistola que estava sobre um móvel e disparou contra ele, matando-o friamente, sem a menor alteração em sua fisionomia que denotasse qualquer resquício de emoção.

O cenário que veio a seguir foram flashes de sofrimentos e perseguições recíprocas envolvendo todos os personagens daquela tragédia num redemoinho infando, em ambiente trevoso, circundado por indescritível atmosfera de ódio, no plano espiritual.

Depois, em ambiente menos tenebroso, surgiram instantâneos da reunião entre os quatro personagens, enquanto traçava-se, ainda que precariamente, o plano do que deveria ser o seu reencontro na próxima encarnação.

A sábia e bondosa entidade que intermediava a reunião daria o veredicto:

— Meus irmãos, infelizmente vossas escolhas foram catastróficas na última experiência em que estiveram juntos, terminando em graves ofensas e padecimentos indizíveis para todos vós. Oremos a Deus para que sejais fortalecidos nesse reencontro, iniciando nele um processo de reconciliação que vos libertará das algemas do ódio e do desejo de vingança. Conviverão os quatro no mesmo lar, unidos pelos laços familiares. E que Deus vos abençoe e fortaleça!

Com um olhar que sugeria aflição e insegurança, a mulher dirigiu-se ao piedoso conciliador:

— Mas, e se sucumbirmos de novo, o que será de nós? Sinto que nenhum dos três me perdoou verdadeiramente. Eu também não estou certa de ter me livrado das mágoas que brotaram em meu peito, por ter sofrido tanta perseguição após o meu desencarne...

— Não existem garantias sobre o modo como se dará o comportamento humano, minha filha! Pode ser até que as coisas não saiam conforme o esperado. É possível que este reencontro seja marcado por novas ofensas, mas sejamos confiantes! Rogarei a Deus para que seja concedida a presença de um Espírito bondoso para estar junto a vós, a fim de auxiliardes no difícil labor da reconciliação.

✦ ✦ ✦

Todas essas informações foram repassadas a Rosália em cerca de dez minutos de sessão mediúnica. Durante o atendimento os trabalhadores dos dois planos se mantiveram em prece, em respeitoso silêncio.

Por intermédio de Marlene, Rosália chorava contidamente, soluçando baixinho.

— Agora as coisas fazem sentido para mim – disse ela. — Compreendo porque meu marido e meus filhos me traíram e me abandonaram. Na verdade, nunca me amaram... Mas eu não posso culpá-los... De uma forma ou de outra, todos foram vítimas da minha maldade.

Ozias procurou consolá-la:

— Infelizmente, eles não souberam aproveitar a oportunidade para conceder e conquistar o perdão libertador! Não foram capazes de promover a reconciliação a que se haviam proposto.

— E Luzia? – perguntou a assistida. — Por que não me foi mostrada a filhinha que eu rejeitei? Qual era a ligação que tínhamos? O que aconteceu a ela?

Instruído pela equipe espiritual, Ozias disse apenas:

— Luzia não era sua inimiga, minha irmã! Ela era a reencarnação de um Espírito bondoso, enviado por Deus para ajudá-los a encontrar o caminho da reconciliação. Com ela ao lado, sua vida teria sido menos amarga e os dois irmãos mais velhos teriam aprendido a amar, pois compartilhariam o seu dia a dia com uma pessoa mais familiarizada com os sentimentos de amor, perdão e indulgência.

Profundo silêncio se abateu sobre a sala em penumbras. Rosália se desligou sutilmente de Marlene e afastou-se, pensativa. Não estava fugindo como da vez anterior; estava promovendo uma saída estratégica. Sabia como voltar e não tinha dúvidas de que seria bem recebida sempre que o fizesse, mas ainda não se sentia pronta para aceitar o convite oferecido pelos trabalhadores do bem.

Capítulo 25

"De todas as provas, as mais penosas são as que afetam o coração. Aquele que suporta com coragem a miséria das privações materiais, sucumbe ao peso das amarguras domésticas, esmagadas pela ingratidão dos seus."

O Evangelho segundo o Espiritismo – Capítulo 14 – item 9

Inesperada revelação

Ao final das tarefas, Ozias pediu a Marlene que não fosse embora sem falar com ele.

— Está bem – respondeu a dedicada trabalhadora da Casa Fraterna. — Só não posso perder o ônibus, se não vou chegar em casa muito tarde. À noite, o intervalo entre um e outro é bem mais demorado.

— Não se preocupe – disse Ozias. — Hoje eu faço questão de levá-la de carro.

— Neste caso, não há pressa alguma – brincou ela. — Uma carona dessas é uma verdadeira bênção.

E foi durante o trajeto que os dois conversaram mais abertamente. O dirigente da reunião mediúnica perguntou:

— O que você sentiu exatamente durante o processo de regressão a que foi submetida a mulher que se manifestou por seu intermédio?

Marlene fechou os olhos, pensou um pouco, deu um suspiro e respondeu:

— Não sei explicar direito, meu amigo. Mas estou me sentindo muito envolvida em toda essa história. Aliás, desde a primeira manifestação dela, eu venho me sentindo assim. Naquela noite, fui para casa pensando muito na minha própria história, na relação tumultuada com os meus pais... Custei a pegar no sono e depois fiquei aflita, torcendo muito para que aquela infeliz criatura não desistisse do atendimento. Mas por que a pergunta?

Ozias suspirou.

— Porque há uma coisa que eu não sei se você está preparada para ouvir. Algo sobre uma forte ligação entre você e essa desencarnada.

— Uma ligação em vidas passadas, você quer dizer...

— Não. Nesta vida mesmo.

Marlene o olhou interrogativamente. Sabia que Ozias levava as tarefas espirituais muito a sério para estar brincando.

— Sabe a tal filhinha que ela disse ter vendido para os ex-patrões? – perguntou Ozias, sem desviar os olhos da rua por onde transitava.

— Sim. O que tem ela?

— A menina se chamava Luzia, mas, pelo que fui informado durante a reunião desta noite, depois que foi adotada ou "comprada", seja lá como for, ela recebeu um novo registro e, ao que tudo indica, seu nome foi mudado para...

— Marlene? – completou a médium automaticamente, com o coração sobressaltado, os olhos muito abertos.

Haviam acabado de chegar à rua onde ela morava. Ozias encostou o carro próximo ao portão, desligou-o e, olhando seriamente para a amiga, confirmou:

— É isso mesmo! Marlene. Você já sabia?

— Não! Falei por falar. Mas não consigo acreditar nisso. É uma história muito louca. Meus pais nunca comentaram nada a respeito de eu ser filha adotiva...

Ozias segurou a mão dela.

— Ouça, Marlene! Eu só estou lhe contando, porque nossos amigos espirituais permitiram. Eles acham que isso responde às perguntas que bombardeiam a sua cabeça desde a infância e que sempre lhe provocaram muitas inquietações. Eles sabem também que você é madura o suficiente para não ficar remoendo essa história e não utilizá-la para prejudicar ninguém. Mas você não foi adotada; o que ocorreu está mais próximo de uma negociata do que necessariamente de uma adoção. Talvez tenha sido este o motivo de nunca terem lhe falado a respeito.

Marlene continuava chocada.

— Meu Deus, Ozias! É claro que não vou prejudicar ninguém. Mas... Que loucura, hein! Você tem certeza do que está me dizendo?

— Bem... Sabemos que não existem médiuns perfeitos; que todos nós estamos sujeitos a ser ludibriados por Espíritos zombeteiros... Mas, nas circunstâncias em que as informações me foram passadas, em meio a uma reunião séria e desinteressada, acho muito difícil que tenha havido aí a infiltração de agentes do mal, apenas para se divertirem às nossas custas.

— Desculpe-me, meu amigo! Eu não estou duvidando da sua...

— *Shiiiiiu!* – interrompeu ele em tom brincalhão.

Depois falou sério:

— Você não precisa se justificar, Marlene! Eu realmente não me considero um médium perfeito e seria um abuso e uma ignorância pensar desse modo. Imagino o quanto a sua cabecinha deve estar confusa neste momento. A minha também estaria, se fosse comigo. Reflita sobre isto, mas não transforme esta novidade numa coisa negativa na sua vida.

— Mas, Ozias, o que me deixa intrigada é ver que há tantos pais adotivos no mundo que tratam seus filhos com amor e respeito...

— Sim! Você disse as palavras certas: "pais adotivos". Adotar uma criança é um gesto tão ou mais nobre do que concebê-la. A criança adotada por uma atitude de amor sincero vai, em muitos casos, preencher o vazio na vida de um casal que não pôde conceber os próprios filhos. Mas o gesto da adoção é diferente de se aproveitar do momento de fragilidade de uma mãe em apuros e tirar-lhe o filho dos braços contra a vontade. Isso é egoísmo e nada tem a ver com solidariedade, caridade ou amor; tem mais a ver com capricho e, para ser sincero, eu acho que neste caso, foi mais ou menos como uma afronta a Deus. Foi como se dissessem a Ele: "Você não nos deu um filho, mas nós conseguimos comprar um, mesmo sem a sua ajuda. Vê como somos autossuficientes?".

— Pela maneira como eles encaram a vida, suas palavras fazem muito sentido. Meu pai dizia que tudo e todos têm o seu preço; afirmava que o dinheiro é o verdadeiro senhor todo-poderoso do universo.

— Então vamos envolvê-los em nossas preces, pedindo a Deus que os perdoe e desperte para a realidade da vida. Agora vá, minha filha! Faça uma oração antes de dormir e peça amparo espiritual para conduzir com bom senso os seus pensamentos. Vá com Deus e tenha bons sonhos!

Ozias partiu e Marlene ficou remoendo a novidade. Ao mesmo tempo em que parecia loucura, aquela informação fazia muito sentido! O distanciamento em sua relação com os pais sempre a deixara intrigada. Se tivesse mesmo sido "comprada" por eles, muita coisa estaria explicada, pois o tratamento dispensado a ela durante a vida toda fora o de alguém que tivesse adquirido uma propriedade a peso de ouro e que cobrasse o tempo todo por isso. Era como se ela fosse uma "mercadoria" e não tivesse o menor direito à liberdade de ação.

O amor materno tão propagado e enobrecido nas manifestações artísticas e religiosas do mundo todo passava muito longe daquilo que sua mãe lhe oferecera; um sentimento que se assemelhava muito mais a uma obsessiva e caprichosa dominação do que ao amor incondicional que, de modo geral, preenche o coração das mães naturais ou daquelas que adotam uma criança por amor e não que a adquire por capricho, para tentar abrandar a raiva e a frustração de não conseguir gerar o seu próprio filho.

Desde a infância até a maturidade Marlene nunca pôde escolher as suas roupas, os seus brinquedos, os seus calçados, os seus amigos... Por mais que implorasse para fazer as suas escolhas, tudo era decidido pela mãe, com a eterna aquiescência e frialdade paterna. Qualquer contrariedade que ela provocasse, por menor que fosse, como, por exemplo, deixar de esvaziar o prato às refeições, ou por comer um doce fora do horário permitido, era motivo para severos castigos e constrangedoras humilhações, muitas vezes em locais públicos, sem a menor cerimônia.

Em seus poucos e vigiados relacionamentos com jovens da sua idade, Marlene observava a diferença de tratamento nos ambientes familiares. Os pais da maioria deles eram atenciosos e suas mães expressavam um amor que ela jamais pudera desfrutar.

E foi pensando em tudo isto que Marlene se recolheu para dormir naquela noite. Antes, fez uma prece, pedindo à espiritualidade que, se fosse possível, ajudasse a esclarecer toda aquela situação.

✦ ✦ ✦

Rosália caminhava agora com desenvoltura pelas ruas da cidade. As dores físicas, embora continuassem a incomodá-la, não a impediam de fazer o que queria. Encontrou Duílio dormindo, agarrado à garrafa de aguardente, e Bertoldo entorpecido ao lado do mendigo.

Olhou-os compassivamente por alguns segundos, sentindo pena de ambos. Depois, acomodou-se ao lado do amigo desencarnado e permaneceu em silêncio, pensando em tudo o que vira e ouvira naquela noite.

Então, tudo estava explicado, pensava ela, convencida de que a vida é mesmo feita de reencontros. As relações familiares são as oportunidades que Deus oferece para que os adversários possam conviver e se reconciliar.

Os três homens com quem se envolvera e prejudicara na vida passada, movida pelos sentimentos de ganância, egoísmo e possessão, voltaram na condição de esposo e filhos. Dividira o lar com três inimigos granjeados por tão pouco. Sim! Tão pouco, pois mesmo uma vida inteira eivada de bens materiais, de luxo e conforto, é apenas uma vida e representa muito pouco, levando-se em conta a eternidade do ser. Por isso, a frieza e a antipatia recíproca no seio familiar; por isso as agressividades, a infidelidade, a mágoa e o egoísmo a demarcarem a relação daquela família.

E Luzia? Dádiva concedida por Deus para levar um pouco de luz, de paz e de harmonia para aquele lar tão infeliz, e que fora trocada por um dinheiro amaldiçoado que não se revertera em benefício algum? Onde estaria aquele anjo sensível e nobre, que tinha por missão fortalecer os fragilíssimos laços afetivos daquela família? Era isso que faltava para que Rosália conseguisse serenar a sua consciência e aceitasse a assistência oferecida pelos trabalhadores da Casa Fraterna que tão amavelmente a acolhera.

Foi assim pensando que se recostou ao lado de Bertoldo, buscando o amparo afetivo do amigo. O desentendimento daquela tarde nada mais representava; era apenas mais uma desinteligência dentre as tantas em que os seres imperfeitos se enovelam ao longo de sua lenta e dolorosa escalada evolutiva.

Bertoldo permaneceu em silêncio, fingindo não ter notado a presença da amiga, mas sentiu o coração cheio de alegria ao vê-la aproximar-se. No fundo, estava com medo de ter perdido a amizade daquela resoluta companheira.

Capítulo 26

"Durante o sono, os laços que unem o Espírito ao corpo se relaxam e o corpo não precisa do Espírito. Então ele percorre o espaço e entra em relação mais direta com os outros Espíritos."

O Livro dos Espíritos – Pergunta 401

Um lugar especial

Marlene guardava boas lembranças daquele lugar que sempre a deixava em êxtase diante de tanta beleza. Um gramado excepcionalmente verde e macio cobria o estreito caminho, à semelhança de um luxuoso tapete. Ladeando a graciosa estradinha, árvores floridas emaranhavam seus galhos a cerca de cinco metros de altura, formando brechas entre as folhas, por onde se infiltravam os raios dourados de um sol ameno. Bancos de mármore ofereciam confortável assento à sombra dos ramos floridos entre os quais o canto suave dos passarinhos harmonizava-se com o murmurinho de um regato que corria ligeiro por entre pedriscos arredondados.

Naquele cenário havia ocorrido o primeiro encontro entre Marlene e Tarcísio cinco anos depois do desencarne do rapaz. Na ocasião, Ozias a informara que estava sendo preparada uma reunião entre ela e o esposo no plano espiritual.

Ainda desinformada de como ocorriam esses encontros, Marlene perguntou entre assustada e esperançosa:

— Quer dizer que eu vou morrer?

Ozias não conseguiu deixar de rir do ar de espanto da jovem viúva.

— Nada disso, minha filha! Pelo menos não por enquanto. Há ainda muitas tarefas a serem realizadas por você do lado de cá.

— Mas, então, como é que eu vou me encontrar com o Tarcísio?

Ozias explicou como ocorria o fenômeno do desdobramento[3] e, naquela mesma noite, durante o sono, Marlene se vira frente a frente com o esposo desencarnado e logo percebeu que não se tratava de um sonho comum. Seu encontro com Tarcísio foi celebrado com muita emoção e alegria.

— Então é tudo verdade! Você está mesmo vivo! – dizia ela, acariciando o rosto sereno do homem amado, que estava ainda mais rejuvenescido e completamente saudável.

Abraçaram-se e quando ela ameaçou chorar, o esposo a conteve com brandura.

— Não há razão para lágrimas, minha querida! Estou aqui para lhe dizer que as dores causadas pela doença e pela nossa separação física foram as provações solicitadas por nós mesmos para coroar de bênçãos o nosso amor. Foi uma espécie de ajuste que faltava para que se abrissem para nós os gloriosos caminhos da redenção. Agora podemos dizer que somos

---

3 Desdobramento é a capacidade que todo ser humano possui de projetar a consciência para fora do corpo, utilizando-se dos corpos sutis de manifestação. Ele ocorre, principalmente, durante o sono. (N. do A.)

verdadeiros trabalhadores do bem. Você com suas tarefas no plano da matéria e eu já começando a realizar as minhas na esfera espiritual. Mas, acredite, seguimos unidos pelos mesmos ideais de amor e caridade. Chegará o tempo em que estaremos definitivamente juntos e os sofrimentos do passado nada mais serão do que leves cicatrizes em nossas almas, a fortalecerem ainda mais os sinceros laços afetivos que há tanto tempo nos mantêm unidos.

Tarcísio informou que, depois de sua completa recuperação, estaria sendo acolhido como trabalhador na Casa do Fraterno Amor do Cristo, reforçando a equipe espiritual que ali atuava.

— Embora habitando em planos diferentes, seremos "colegas de trabalho" – brincou ele, deixando Marlene muito feliz com a informação.

✦ ✦ ✦

Depois daquele emocionante e inesquecível primeiro encontro no plano espiritual, Marlene e Tarcísio voltaram a se reunir em outras ocasiões para tratarem de assuntos relevantes para ambos. Foi por isso que se reuniram naquela noite em que ela pedira orientação e esclarecimentos.

Após cumprimentarem-se com um caloroso abraço, Tarcísio disse a ela:

— Meu amor, foi permitido que eu viesse aqui para conversarmos sobre as suas inquietações. Juntos, podemos nos lembrar do que combinamos antes da nossa última encarnação. Nós nos propusemos nascer em lares pobres e ter uma vida sem qualquer privilégio material. Não tínhamos ligações anteriores com nossas genitoras e o objetivo era levarmos para lares desajustados as lições de amor que havíamos absorvido ao longo de nossas vidas.

— Sim – completou Marlene. — Agora estou me lembrando. Foi por isso que eu nasci como filha da Rosália. Sabia que sua vida seria muito difícil ao lado de três inimigos que não a haviam perdoado e me propus ajudá-los.

— Exatamente. E eu nasci em uma favela, no seio de uma família extremamente pobre. Como o nosso encontro já estava programado, nossas mães se tornaram empregadas na mesma residência. O que ninguém esperava era que Rosália fosse entregá-la para os patrões, o que acabou mudando um pouco os nossos planos.

— Sim. Em vez da vida pobre que eu havia escolhido, acabei sendo criada num ambiente de luxo e ostentação.

— Mas quando precisou escolher entre a riqueza e o amor, você não teve dúvidas, Marlene.

— É verdade, Tarcísio! Nunca me senti à vontade ao lado dos meus pais. O estilo de vida que eles levavam, a maneira arrogante como tratavam as pessoas mais humildes, o apego exagerado aos bens materiais... Tudo aquilo me deixava aflita, com uma terrível sensação de vazio.

— Você sentia falta de amor em sua vida.

— Sim. Descobri isto depois que conheci você. Ou melhor, depois que o reencontrei. Você trouxe para a minha vida a completude, o amor que eu buscava mesmo sem saber do que se tratava.

— O mesmo aconteceu comigo, Marlene. Não há dúvida de que os amores verdadeiros sempre dão um jeito de se encontrar. Mesmo que Rosália a tivesse levado para o interior, ainda assim, de alguma forma nós acabaríamos nos encontrando. A vida abre caminhos para os corações que se amam verdadeiramente.

Os dois conversaram bastante naquele encontro e Marlene sabia agora que deveria ajudar Rosália a conceder-se o autoperdão, sem o qual ela dificilmente conseguiria tranquilidade suficiente para aceitar a assistência proposta pelas equipes socorristas. Se não encontrasse logo uma saída, a infeliz mulher corria o risco de continuar perdida naquele intrincado labirinto de culpa.

✦ ✦ ✦

O dia seguinte amanheceu ensolarado. Bertoldo continuava calado e Rosália, apesar de se encontrar ainda bastante inquieta com o retrospecto de sua encarnação passada, provocou-o bem-humorada:

— Ainda com raiva de mim?

Bertoldo sorriu levemente.

— Gostaria de estar, mas não consigo. Acho que você é uma feiticeira da melhor qualidade.

Os dois começaram a rir e, quando silenciaram, Bertoldo perguntou:

— E aí, como foi a aventura de ontem? Andou se espetando em mais espinhos?

— Nem me fale! – suspirou Rosália. — Parece que quanto mais a gente mexe com essas coisas, mais se encrenca. Descobri que sou ainda pior do que imaginava.

— Então desistiu de aceitar ajuda?

Ela lançou um olhar grave ao amigo.

— De jeito nenhum! Só estou tomando fôlego.

Bertoldo fez um ar de tristeza que foi notado pela observadora amiga.

— Que foi, meu companheiro? – perguntou ela. — Precisando desabafar?

Ele fez um longo silêncio e depois, como se escolhesse bem as palavras, comentou:

— Andei pensando bastante sobre o que você me disse ontem e que me deixou tão irritado. Na hora fiquei com muita raiva, mas depois que você se afastou, fiquei remoendo as suas palavras e acabei me convencendo de que você está certa. Isto aqui não é mesmo um bom modo de vida. Eu não tenho o direito de ficar sugando as energias do pobre Duílio... Preciso tomar um rumo diferente...

Rosália ouviu aquilo com o coração aquecido pela ternura. Aproximou-se do amigo, segurou suas mãos e disse:

— Então me deixa ajudá-lo! Vamos comigo à Casa Fraterna. Um de nós dará apoio ao outro. Afinal, como você mesmo diz, nós estamos no mesmo barco.

— Eu já teria ido – falou Bertoldo, com a voz um pouco ríspida —, se soubesse que não iriam me confrontar de novo com aquele menino doente, que morreu por minha culpa.

Rosália tornou mais brando o seu tom de voz.

— Meu amigo, eu não sei exatamente o que aconteceu, mas posso lhe assegurar que a atuação daquelas pessoas é muito séria e responsável. Se o menino apareceu, foi porque havia necessidade...

— Mas por quê? Para me espezinhar? Para cutucar mais profundamente a minha ferida?

— Não sei! Mas tenho certeza de que eles não iriam confrontá-lo com essa criança apenas para humilhá-lo. Não é para isso que eles nos recebem naquele lugar.

Bertoldo voltou a silenciar. As palavras de Rosália mais uma vez chamava-o à razão e o levava a racionar com um pouco mais de lógica. No fundo, ele estava com medo de que ela fosse embora de vez e o deixasse sozinho. Havia se apegado demais à companhia da amiga e não queria mais ficar só.

Capítulo 27

"Por estas palavras: 'Bem aventurados os aflitos, porque serão consolados', Jesus indica, ao mesmo tempo, a compensação que espera aqueles que sofrem, e a resignação que faz abençoar o sofrimento como prelúdio da cura."

O Evangelho segundo o Espiritismo – Capítulo 5 – item 12

Aceitando ajuda

Naquela noite, na Casa do Fraterno Amor, quando todos esperavam pela manifestação de Rosália, foram surpreendidos pela voz grave de um homem que se manifestava por intermédio de um rapaz que, assim como Marlene, era médium de incorporação.

— Vocês podem me ajudar?

— Estamos aqui para isto, meu irmão! Do que precisa? – prontificou-se Ozias.

— De paz...

O dirigente aproximou-se e, orientado pela equipe espiritual, disse:

— Então você precisa se perdoar!

— Não consigo... O menino não me deixa em paz.

Ozias viu a aproximação do menino que expunha em sua formação perispiritual as marcas da doença devastadora e permitiu que ele se manifestasse por intermédio de Marlene.

Rosália, também presente à sessão, acompanhava de perto, vibrando para que tudo terminasse bem.

Ao ver o garotinho, Bertoldo começou a tremer, provocando uma tremedeira terrível no médium.

— Não! Você de novo, não! Por favor, não se aproxime de mim...

Ozias interferiu.

— Calma, meu irmão! Não precisa ficar tão nervoso. Este menino não deseja o seu mal.

— Ah não? Então por que não me deixa em paz? Eu sei que fui o responsável pela morte dele, mas por que vocês têm sempre que me confrontar com ele? Eu já pedi perdão mil vezes a este menino...

Utilizando-se da voz de Marlene, o garoto disse:

— Sou eu que preciso lhe pedir perdão!

Bertoldo fez breve silêncio, buscando assimilar o que ouvira. Depois perguntou:

— O quê? Eu escutei direito?

— Sim – respondeu o outro. — Eu preciso muito que você me perdoe.

— Mas por quê? Você estava doente. Foi levado à frente da minha casa para que eu me sensibilizasse e permitisse a construção do hospital naquele maldito terreno...

— Eu era o dono daquele terreno – interrompeu o garoto, com voz melancólica.

— Está brincando comigo?

— Quem dera fosse uma brincadeira! Infelizmente, eu fui a encarnação do seu bisavô, o homem que iniciou aquela história de promessa para não se desfazer do terreno. Fui eu que pedi ao seu avô, que pediu ao seu pai, que pediu a você para não se desfazer dele. Quando percebi a besteira que havia feito era muito tarde. Implorei para reencarnar no corpo de uma criança doente. O objetivo era realmente sensibilizá-lo, mas lamentavelmente não deu certo.

Novo silêncio, após o qual Bertoldo voltou a falar:

— Mas, de qualquer modo, você foi uma vítima minha...

— Sim. Porém, antes, eu vitimei você. Foi por causa do meu estúpido apego a algo que de nada me serviu deste lado, que eu provoquei toda aquela tragédia. Foi a minha sovinice que principiou tudo isto. Tenho tentado me comunicar desde o seu desencarne, mas você sempre fugia de mim...

— Eu tinha medo, vergonha... Sei lá mais o que. Ficava apavorado quando o via se aproximar. Por isso nunca o permiti se comunicar comigo.

— Finalmente, poderemos ter um pouco de sossego.

— Sossego? E as pessoas que morreram por minha culpa? Aqueles infelizes que podiam ter sido tratados...

— Nem todos morreram por sua culpa. E mesmo dentre os que assim se julgavam, muitos já o perdoaram e alguns estão, inclusive, reencarnados. Tocando as suas vidas...

— E agora? O que faremos?

— Agora podemos iniciar uma nova caminhada! Irmãos dedicados à caridade nos aguardam para nos auxiliar. Vamos?

— Isso mesmo! – confirmou Ozias. — Trabalhadores engajados no bem os esperam para guiá-los à colônia de assistência e esclarecimentos, onde poderão se recuperar enquanto esperam a oportunidade de novas experiências na carne, mais amadurecidos e conscientes.

Bertoldo ergueu os olhos entristecidos e ficou procurando em volta até encontrar os olhos de Rosália que, muito comovida, o encorajou.

— Vá, meu irmão querido! Eu tenho certeza de que a nossa amizade vai permitir que nos reencontremos em outro momento. Quem sabe na próxima encarnação não estaremos juntos, fortalecendo ainda mais os nossos laços afetivos?

Bertoldo caminhou até ela e a abraçou fortemente.

— Seria maravilhoso! – sussurrou.

Depois deu a mão ao garotinho e os dois, orientados e amparados pela dedicada equipe de benfeitores, seguiram pela vereda de luz que os conduziria à colônia espiritual.

✦ ✦ ✦

A seguir, Marlene deu passividade à Rosália, que, ainda emocionada com a despedida de Bertoldo, comentou.

— Quero agradecer a todos vocês pela acolhida e pelos esclarecimentos. Vim dizer que estou preparada para aceitar a assistência que me oferecem. Cansei-me de viver neste sofrimento inútil... Quero paz...

— Então vá com Deus, minha irmã! E não precisa nos agradecer. Agradeça ao nosso Pai Criador e ao Nosso Irmão Maior Jesus Cristo. É em nome d'Eles que realizamos com amor as nossas tarefas.

— Só vou triste, porque não tenho notícias dos familiares que deixei na Terra. Gostaria de vê-los antes de partir.

Ozias pediu orientação aos Espíritos que acompanhavam a reunião e disse:

— Preste atenção, minha irmã. As imagens que você verá agora são bem atuais.

E foram projetadas na mente de Rosália a imagem de um bar na região central da cidade de São Paulo. Desta vez quem ficou surpreso fui eu, quando percebi que se tratava do mesmo bar onde os seguranças responsáveis – ainda que não intencionalmente – pelo desencarne de Rosália haviam se encontrado na tarde em que eu os observava para iniciar a narrativa desta história.

Três homens, um já idoso, e dois que deveriam ser uns vinte anos mais novos atendiam à grande clientela que superlotava o ambiente.

Rosália observou a cena e balbuciou:

— São eles! Arnaldo, Jonas e Juca...

Sempre orientado pela espiritualidade, Ozias disse:

— Depois que a abandonaram, no interior, os rapazes foram atrás do pai e, informando-se com parentes, chegaram até ele. Com o dinheiro que sacaram do banco e mais algum que o pai tinha, compraram o comércio em sociedade e, embora tenham uma relação conflituosa, seguem unidos. Ainda que inconscientemente, estão se acertando, aparando as arestas das pendengas passadas.

Rosália deu um profundo suspiro.

— Fico mais tranquila em ver que estão bem. Apesar de tudo o que fizeram, eu não os odeio. Compreendo que tinham as suas razões... Mas e quanto à minha filha? Será que eu poderia vê-la?

— Prestemos atenção, minha irmã! Quem sabe não nos será mostrada?

Então uma sucessão de cenas foi se formando no campo mental de Rosália. Primeiro ela viu Luzia pequenina, depois adolescente e na juventude... À medida que crescia, ia tomando uma aparência conhecida por ela. Quando foi mostrada a aparência atual e Rosália viu que era Marlene, começou a chorar.

— Meu Deus! Então é você! Ah, eu preciso tanto que me perdoe...

Ozias interveio carinhosamente:

— Fique tranquila, minha irmã! Ela já a perdoou há muito tempo. Agora é importante que você também se perdoe e siga em frente. A vida não para nunca e é um eterno convite ao crescimento. Por favor, acompanhe a equipe socorrista que aqui está para conduzi-la à colônia de restabelecimento. Vá com Deus, minha irmã! Vá em paz!

Mesmo depois que Rosália se desligou de Marlene, a médium continuou chorando, emocionada. Naquela noite, os outros trabalhadores não entenderam muito bem o que havia acontecido e quando, desconfiados, perguntaram ao dirigente da reunião quem era a tal filha da assistida, ele apenas respondeu, com sua voz tranquila e conciliadora:

— Há detalhes que não precisam ser revelados, meus irmãos! A linha que separa a informação necessária da curiosidade mórbida é muito tênue. Sejamos comedidos como convém a um bom trabalhador da seara do Cristo – e piscou discretamente para Marlene que, mesmo com os olhos banhados de lágrimas, não conseguiu deixar de abrir um sorriso lindo, que iluminou todo o ambiente.

Capítulo 28

"Amados irmãos, aproveitai dessas lições; é difícil praticá-las, porém, a alma colhe delas imenso bem. Crede-me, fazei o sublime esforço que vos peço: "Amai-vos" e vereis a Terra em breve transformada num Paraíso onde as almas dos justos virão repousar."

O Evangelho segundo o Espiritismo – Capítulo 11 – item 9

Epílogo

Todos os sábados, pela manhã, os trabalhadores da Casa Fraterna ofereciam atendimento filantrópico às famílias necessitadas e aos moradores de rua daquele município. Um verdadeiro mutirão era realizado para que todos fossem assistidos com um reforçado café da manhã, banho, cortes de barba, cabelo e unhas, fornecimento de roupas limpas e calçados para os que não tinham moradia e cestas básicas de alimentos para as famílias carentes.

Mais tarde, havia a explanação dos Evangelhos de Jesus apresentados por um preletor convidado e a assistência era encerrada com um lauto almoço, onde trabalhadores e assistidos se confraternizavam, ocupando grandes mesas sob um galpão que ficava nos fundos do imóvel.

Todas as atividades eram desenvolvidas por trabalhadores voluntários e os alimentos e roupas oferecidos eram frutos de doações pessoais e de comerciantes que se solidarizavam com a assistência benemérita ali realizada.

De todos os moradores de rua que viviam naquela região, o único que nunca comparecia à Casa Fraterna era o Duílio, possivelmente o mendigo mais popular e arredio do município. Mas não era por falta de convite, já que Marlene cansara de insistir para que ele fizesse parte daquela grande família. O homem agradecia educadamente e dizia que ia pensar no assunto, mas estava sempre fugindo.

Com o passar do tempo, Marlene acabou desistindo e passou a levar o almoço para que ele comesse na rua mesmo. Mas Duílio raramente comia. Na maioria das vezes se desfazia da marmita sem ao menos abri-la, pois o consumo excessivo de álcool minava-lhe o apetite.

A história daquele homem era conhecida de muitos ali no município. Duílio tivera uma vida relativamente normal, em sua mocidade. Trabalhava como gari na empresa encarregada de manter a limpeza da cidade e morava sozinho em um barraco, numa área de risco que ficava perigosamente instalada à beira de um córrego. Numa época de grandes temporais, o córrego se sobrecarregou formando violenta correnteza que arrastou dezenas de barracos que o ladeavam.

A casinha de Duílio estava entre as que foram destruídas pela enchente. Ele foi arrastado pelas águas, pois dormia no momento do acidente, possivelmente sob o efeito da cachacinha que sempre tomava ao final do dia.

Duílio, que ficou desaparecido por mais de um mês, foi considerado morto, juntamente com outros moradores da vila ribeirinha, vitimadas pela tragédia. Os corpos dos outros moradores foram encontrados, mas o dele não. Por ser uma pessoa muito querida, a comunidade se uniu para fazer um enterro simbólico para ele, com direito a coroa de flores, missa de encomenda da alma e tudo o mais.

Porém, numa determinada noite, quase dois meses depois do ocorrido, Duílio provocou um rebuliço tremendo no bairro, quando apareceu transitando sossegadamente pelas ruas. Muitos, ao vê-lo, correram e se trancaram em casa recorrendo à proteção de rosários, cruzes e bíblias; outros se enfiaram nos estabelecimentos comerciais ou se debandaram para a igreja, socando a porta da casa paroquial, implorando ao padre que os livrassem do ataque daquele morto-vivo, que certamente pretendia devorar os seus cérebros.

Somente no dia seguinte, sob a claridade do sol, aproximaram-se temerosos e se certificaram de que não se tratava de um zumbi ou algo assim. Duílio estava mesmo vivo em carne e osso, apesar de sua aparência deplorável. A barba enorme, as roupas aos trapos e completamente esquecido de tudo o que havia se passado.

Ele chegou a ser levado ao hospital, onde foi tratado e encaminhado depois para o albergue municipal, mas acabou fugindo e passando a viver na rua. Uma das regras do albergue era a intolerância ao consumo de bebidas alcoólicas e, como não conseguia abandonar o vício cada vez mais intenso, Duílio preferiu a liberdade da rua.

Como era um homem muito pacato e não incomodasse ninguém, acabou se tornando parte da paisagem naquele lado da cidade, onde as esmolas para a manutenção do hábito diário nunca lhe faltaram.

✦ ✦ ✦

Naquela manhã, duas semanas depois do atendimento a Bertoldo, Marlene pediu que alguém a beliscasse, pois julgava estar sonhando.

Aproximou-se de Ozias e perguntou:

— Não é o Duílio que está ali na fila dos assistidos?

Ozias sorriu e disse:

— Ele mesmo! Foi um dos primeiros a chegar. Disse que quer cortar o cabelo, fazer a barba, tomar banho e colocar roupas limpas. Ah, disse também que está com fome.

— Com fome?

— Sim. E, acredite, está completamente sóbrio! Segundo informou, tem mais de uma semana que não coloca um gole de álcool na boca. Disse que não está mais gostando de beber. Falou que não quer mais ficar na rua; que vai se apresentar ainda hoje no albergue e pedir para voltar a viver lá. Acredita nisso?

Marlene abriu um largo sorriso e respondeu sorrindo:

— Acredito no amor e no amparo de Deus para com todas as suas criaturas! O amor que em todos os momentos está realizando pequenos milagres à nossa volta e que nós só deixamos de ver porque sofremos de miopia espiritual.

Disse isto e foi correndo dar um abraço no mendigo. Houve quem fizesse ar de repugna, pois Duílio estava sujo, mal-

-cheiroso e possivelmente com muitos piolhos em meio à cabeleira despenteada...

Mas Marlene não viu nada disso. Não era com os olhos físicos que ela o via! E foi também com os olhos espirituais que viu o momento em que Tarcísio, envolvendo os dois, juntou-se àquele abraço. Ele estava se integrando naquele dia à equipe de trabalhadores espirituais da Casa Fraterna e não se continha de tanta felicidade.

Porém um abraço ainda mais caloroso e abrangente envolvia a todos que ali se encontravam. O abraço espiritual de Jesus que, com alegria, via cumprir-se um dos seus mais importantes ensinamentos: "Quando deres algum banquete, convida os pobres, os aleijados, os coxos e os cegos; e serás bem-aventurado, porque esses não têm com que te retribuir, mas ser-te-á isso retribuído na ressurreição dos justos".

Que assim seja!

- Fim -

EDITORA
AUTA DE SOUZA
LIVROS QUE ESCLARECEM E TRANSFORMAM
COMO ENTENDER MELHOR OS NOSSOS JOVENS
O Jovem e os Vícios
O Jovem e a Família
FALANDO AOS JOVENS
EVANGELIZAR NOSSAS COMO ENTENDER MELHOR OS NOSSOS
Jesus nasceu, eu nasci
O lar de Jesus e o meu lar
MATERNAL 1
Jesus me ensina: posso nascer de novo
JESUS À LUZ DO ESPIRITISMO
AMAR A DEUS
OUTRAS EDIÇÕES QUE AMPLIAM O NOSSO CONHECIMENTO
Deixai vir a mim as criancinhas...
Como evangelizar crianças de 0 a 6 anos
Compreendendo a Dor Humana
Jesus
REUNIÃO PÚBLICA
CORRENTE MAGNÉTICA
Curso PASSE
Editora Auta de Souza
Agenda Reforma Íntima
Conheça o Espiritismo
CONHEÇA NOSSO SITE
www.editoraautadesouza.com.br

Aliança

Roberto de Carvalho

Gênero: Romance
224 Páginas
16 x 23 cm

Órfão aos oito anos e abandonado pelo pai, Casimiro se torna uma pessoa cética e materialista. Em idade madura, a dor de nova perda afetiva o leva a estreitar sua relação com Deus.

Gênero: Romance
352 Páginas
16 x 23 cm

Apresentando graves sintomas de doença terminal, não acusada em exames clínicos, Juliano recebe tratamento em um Centro Espírita, onde é desvendada a perseguição de vingadores espirituais.

Gênero: Romance
224 Páginas
14 x 21 cm

Romance mediúnico, inspirado pelo Espírito Basílio, que traz como fundamento maior a prática da caridade, por meio do amor incondicional entre os homens.

Gênero: Romance
256 Páginas
16 x 23 cm

Emocionante história de Beatriz que, aos 16 anos, entrega-se a uma grande paixão e se desilude. Grávida, abandonada pelo namorado, e com medo da reação do pai, comete suicídio.

Edições Aliança

Aliança

Saara Nousiainen

Espiritismo
224 Páginas | 16 x 23

A autora indica a melhor forma de nos prepararmos para os eventos referentes à transição planetária.

Espiritismo
256 Páginas | 14 x 21

Aborda diversos temas relacionados à Doutrina Espírita, utilizando o método de perguntas e respostas.

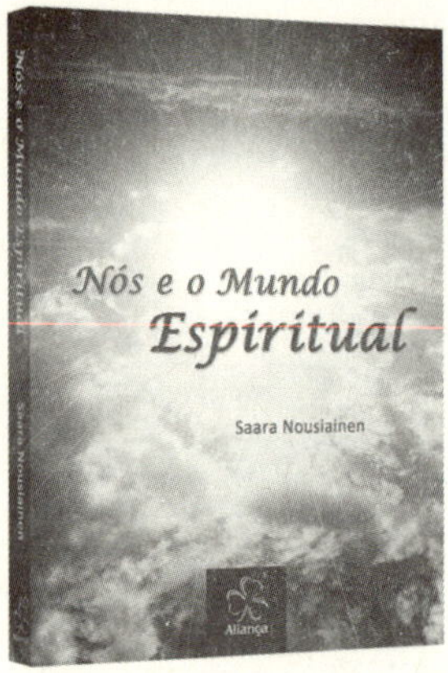

Espiritismo
208 Páginas | 12 x 15

Tudo sobre o mundo espiritual e seu interrelacionamento conosco, nos milenares processos evolutivos do ser humano e da vida.

Dario Sandri

Romance
352 Páginas | 16 x 23

Três homens, uma mulher. Quatro vidas, quatro continentes, um mesmo objetivo. Sonhos que relembram o passado. O que acontece quando almas em luta se encontram na busca da paixão? O esquecimento é suficiente para apagar velhos ódios? Em oitocentos anos de guerras, traições e amores, quem será realmente a vítima?

Aliança

Edições Aliança

Trilogia Edgard Armond

Espiritismo
128 Páginas | 14 x 21

Sobreviventes da Atlântida preservam seus conhecimentos destina-dos à posteridade.

Espiritismo
192 Páginas | 14 x 21

A formação e evolução das raças no planeta Terra.

Espiritismo
160 Páginas | 14 x 21

A trajetória de Espíritos afins desde a submersa Lemúria e Atlântida até os dias atuais.

Claudia Marum

Romance

288 Páginas
14 x 21

Experiências de espíritos que recebem a nova oportunidade de reconstruir, superar as próprias fraquezas, e optarem por melhores escolhas.

Romance

224 Páginas
14 x 21

Quando a vida parece não fazer mais sentido eis que um grande amor pode nos auxiliar a revivê-la.

Nelson Moraes

Aliança

Gênero: Romance
Número de pág: 128
Tamanho: 21x14
Sinopse: Roqueiro famoso, surpreendido pela morte prematura causada pelo uso abusivo de álcool e de drogas, se vê diante de uma realidade que jamais imaginara.

Gênero: Romance
Número de pág: 160
Tamanho: 21x14
Sinopse: Do mesmo autor de "Um Roqueiro no Além", esta obra reúne relatos de lembranças de uma vida passada pelo Espírito Zílio.

Gênero: Espiritismo
Número de pág: 128
Tamanho: 21x14
Sinopse: O perdão é o verdadeiro caminho da felicidade. A obra narra episódios onde incompreensão e mágoa funcionam como cárceres mentais, atravancando o progresso moral do homem.

Gênero: Mensagem
Número de pág: 160
Tamanho: 15x11
Sinopse: Sob a orientação do Espírito Aulus, o médium escreveu apontamentos, que facilitarão a todos nós o reconhecimento das verdadeiras riquezas, que a vida pode nos oferecer para encontrarmos a verdadeira felicidade.

Campanha de Preservação da Vida

EDITORA ALIANÇA

Tema: ABORTO

O Livro dos Espíritos, Allan Kardec - questão 358:

Pergunta: *O aborto provocado é um crime, qualquer que seja a sua concepção?*

Resposta dos Espíritos: *Há sempre crime quando se transgride a lei de Deus. A mãe ou qualquer pessoa cometerá sempre um crime ao tirar a vida de uma criança antes do seu nascimento, porque isso é impedir a alma de passar pelas provas de que o corpo devia ser instrumento.*